T0209506

# essentials

*essentials* liefern aktuelles Wissen in konzentrierter Form. Die Essenz dessen, worauf es als „State-of-the-Art" in der gegenwärtigen Fachdiskussion oder in der Praxis ankommt. *essentials* informieren schnell, unkompliziert und verständlich

- als Einführung in ein aktuelles Thema aus Ihrem Fachgebiet
- als Einstieg in ein für Sie noch unbekanntes Themenfeld
- als Einblick, um zum Thema mitreden zu können

Die Bücher in elektronischer und gedruckter Form bringen das Fachwissen von Springerautorinnen kompakt zur Darstellung. Sie sind besonders für die Nutzung als eBook auf Tablet-PCs, eBook-Readern und Smartphones geeignet. *essentials* sind Wissensbausteine aus den Wirtschafts-, Sozial- und Geisteswissenschaften, aus Technik und Naturwissenschaften sowie aus Medizin, Psychologie und Gesundheitsberufen. Von renommierten Autorinnen aller Springer- Verlagsmarken.

Markus H. Dahm · Annika Dräger

# Employer Branding mit sozialer Nachhaltigkeit

Anforderungen aus
Arbeitnehmersicht und deren
Einfluss auf die
Arbeitgeberattraktivität

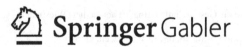 Springer Gabler

Markus H. Dahm
FOM Hochschule für Oekonomie und
Management
Hamburg, Deutschland

Annika Dräger
Reinfeld, Deutschland

ISSN 2197-6708 ISSN 2197-6716 (electronic)
essentials
ISBN 978-3-658-42129-8 ISBN 978-3-658-42130-4 (eBook)
https://doi.org/10.1007/978-3-658-42130-4

Die Deutsche Nationalbibliothek verzeichnet diese Publikation in der Deutschen Nationalbiblio-
grafie; detaillierte bibliografische Daten sind im Internet über http://dnb.d-nb.de abrufbar.

Planung/Lektorat: Angela Meffert
Springer Gabler ist ein Imprint der eingetragenen Gesellschaft Springer Fachmedien Wiesbaden
GmbH und ist ein Teil von Springer Nature.
Die Anschrift der Gesellschaft ist: Abraham-Lincoln-Str. 46, 65189 Wiesbaden, Germany

# Was Sie in diesem *essential* finden können

- Grundlagen und Hintergründe zu sozialer Nachhaltigkeit
- Definition und Abgrenzung verschiedener Arbeitnehmergruppen
- Anforderungen an den Arbeitsplatz aus Arbeitnehmersicht
- Empfehlungen für Arbeitgeber zur Umsetzung von sozialer Nachhaltigkeit
- Wertvolle Hinweise für ein erfolgreiches Employer Branding

# Vorwort

Die Bedeutung von Nachhaltigkeit in der heutigen Gesellschaft nimmt stetig zu und hat zudem zunehmende Auswirkungen auf die Arbeitswelt. Der aktuelle Trend beeinflusst die Wertevorstellungen der Arbeitnehmer und ihre Anforderungen an ihr Arbeitsumfeld. Arbeitnehmer setzen vermehrt auf Arbeitgeber, die sich aktiv für soziale Nachhaltigkeit einsetzen. Zudem achten sie zunehmend darauf, dass die Arbeitgeber ihren individuellen Bedürfnissen gerecht werden. Der Fachkräftemangel verstärkt diese Tendenz noch weiter und stellt Unternehmen vor die Herausforderung, sich als attraktiver Arbeitgeber zu positionieren, um Mitarbeiter zu gewinnen und langfristig zu halten.

Dieses Buch beschäftigt sich mit den Forderungen nach sozialer Nachhaltigkeit aus der Perspektive der Arbeitnehmer und zeigt auf, welchen Einfluss diese auf die Arbeitgeberattraktivität ausüben. Dabei werden die Anforderungen der Arbeitnehmer spezifisch für verschiedene Arbeitnehmergruppen herausgestellt. Darüber hinaus werden die Herausforderungen, aber auch die Chancen aufgezeigt, die sich für Unternehmen ergeben, die sich für soziale Nachhaltigkeit engagieren.

Das vorliegende Werk bietet Unternehmen, Führungskräften und Personalverantwortlichen wertvolle Einblicke in die Erwartungen und Bedürfnisse der Mitarbeiter im Hinblick auf soziale Nachhaltigkeit und zeigt auf, wie sie diesen gerecht werden können. Aber auch für Arbeitnehmer selbst bietet dieses Buch eine wertvolle Orientierungshilfe bei der Suche nach einem nachhaltigen Arbeitgeber.

Wir hoffen sehr, dass dieses Buch einen Beitrag dazu leisten kann, das Bewusstsein für soziale Nachhaltigkeit zu schärfen und Unternehmen dabei zu unterstützen, sich erfolgreich im Wettbewerb um qualifizierte Mitarbeiter zu positionieren.

*Zur besseren Lesbarkeit wird in diesem essential auf die gleichzeitige Verwendung männlicher und weiblicher Sprachformen verzichtet. Es wird das generische Maskulinum verwendet, wobei weibliche und anderweitige Geschlechteridentitäten gleichermaßen gemeint sind.*

Markus H. Dahm
Annika Dräger

# Inhaltsverzeichnis

# Über die Autoren

**Prof. Dr. Markus H. Dahm** ist Organisationsentwicklungsexperte und Berater für Strategie, Digital Change & Transformation. Ferner lehrt und forscht er an der FOM Hochschule für Oekonomie & Management in den Themenfeldern Nachhaltigkeit, HR-Strategie, Business Consulting, Digital Management und agile Organisationsgestaltung. Er publiziert regelmäßig zu aktuellen Management- und Leadership-Fragestellungen in wissenschaftlichen Fachmagazinen, Blogs und Online-Magazinen sowie der Wirtschaftspresse. Er ist Autor und Herausgeber zahlreicher Bücher.

**Annika Dräger (M.Sc.)** ist aktuell als Process Specialist im Bereich Customer Services Sales tätig. In der Vergangenheit hatte sie verschiedene Positionen im Customer Service, Sales und Marketing inne und legte hierbei ihren beruflichen Schwerpunkt auf das Prozessmanagement. Daneben absolvierte sie berufsbegleitend an der FOM Hochschule für Oekonomie & Management in Hamburg ihr Masterstudium im Studiengang „Business Consulting & Digital Management" und fokussierte sich auf Forschungsthemen im Bereich der Nachhaltigkeit.

# Einleitung – die aktuelle Situation 1

Einer der größten aktuellen Trends in der Gesellschaft ist die Nachhaltigkeit, welche durch den Klimawandel immer mehr in den Fokus des politischen und gesellschaftlichen Bewusstseins rückt. Während die Politik neue Rahmenbedingungen für eine nachhaltige Gesellschaft und nachhaltiges Wirtschaften schafft, befassen sich auch Unternehmen und Privatpersonen mit der Frage, wie eine nachhaltige Lebensweise gestaltet werden kann. Nachhaltigkeit wird oftmals nur mit dem Schutz der Umwelt in Verbindung gebracht. Dies ist jedoch nur ein Teilaspekt des Themenfeldes, denn Nachhaltigkeit wird durch drei Säulen definiert. Nur bei gleichzeitiger Betrachtung der drei Säulen Ökologie, Ökonomie und Soziales wird Nachhaltigkeit erreicht (vgl. Wördenweber 2017, S. 2). Vor allem Unternehmen stellen einen der wichtigsten Treiber für Nachhaltigkeit dar. Durch das Ableiten von Maßnahmen aus den drei Säulen soll Nachhaltigkeit im Unternehmensumfeld erreicht werden. Darüber hinaus werden auch Arbeitnehmer im Alltag und ihrem Arbeitsleben sensibler im Umgang mit Nachhaltigkeit. So zeigt die Studie des Unternehmens „LichtBlick" einen starken Bedeutungszuwachs des Themas. Drei von vier Deutschen gaben an, dass ihnen ein nachhaltiger Lebensstil wichtig oder sogar sehr wichtig ist (vgl. LichtBlick 2020).

Ein weiterer Trend der heutigen Zeit ist der demografische Wandel. Durch sinkende Geburtenraten verschiebt sich das Verhältnis von älteren und jüngeren Generationen innerhalb der Gesellschaft. Mit diesem Trend einhergehend ist ein Fachkräftemangel zu beobachten, der Unternehmen vor immer größere Herausforderungen stellt, geeignete Mitarbeiter zu finden sowie diese zu halten, und der sich immer mehr verstärkt. Dadurch erlangen Anforderungen seitens der Arbeitnehmer und deren Erfüllung eine immer größere Bedeutung bei der langfristigen Gewinnung von Mitarbeitern. Hinzu kommt, dass sich die Anforderungen an Arbeitgeber innerhalb der Generationen unterscheiden (vgl. Steckl et al. 2019, S. 2).

© Der/die Autor(en), exklusiv lizenziert an Springer Fachmedien Wiesbaden GmbH, ein Teil von Springer Nature 2023
M. H. Dahm und A. Dräger, *Employer Branding mit sozialer Nachhaltigkeit*, essentials, https://doi.org/10.1007/978-3-658-42130-4_1

Es gibt bereits Studien zu diesem Themenfeld, die die Anforderungen aus Arbeitnehmersicht in Bezug auf den Arbeitsplatz untersucht haben. Noch ungeklärt sind die Anforderungen der Arbeitnehmer in Bezug auf Maßnahmen der sozialen Nachhaltigkeit durch den Arbeitgeber und inwiefern sich diese auf die Arbeitgeberattraktivität auswirken. Dabei kann zwischen internen, also die Mitarbeiter innerhalb des Unternehmens betreffend, sowie externen Maßnahmen, die die Lieferkette im nahen oder die Gesellschaft im weiteren Unternehmensumfeld betreffen, unterschieden werden (vgl. Hedstrom 2018, S. 63). Da Arbeitnehmer sich in ihrem Alltag und im Arbeitskontext immer mehr mit nachhaltigem Handeln befassen, ist anzunehmen, dass sich die Maßnahmen zur sozialen Nachhaltigkeit auf die Arbeitgeberattraktivität auswirken und bei der Arbeitgeberwahl sowie bei der Loyalität dem Arbeitgeber gegenüber eine wichtige Rolle spielen.

# Was ist unter Nachhaltigkeit zu verstehen und welche Arbeitnehmergruppen gibt es?

**2**

In den letzten Jahren wird Nachhaltigkeit immer mehr Aufmerksamkeit geschenkt und sie rückt in den Vordergrund politischen und unternehmerischen Handelns. Doch ist der Begriff schon seit etwa 200 Jahren bekannt und wurde stets weiterentwickelt.

## 2.1   Geschichte

Erstmals Verwendung fand das Prinzip der Nachhaltigkeit im Jahre 1713 innerhalb der Forstwirtschaft. Da Holz einen der wichtigsten Rohstoffe darstellte, kam die Frage auf, wie dieser auf Dauer genutzt werden könne, ohne ihn in seiner Substanz zu gefährden. Die Antwort wurde in der Abhandlung „Sylvicultura Oeconomica" von Oberberghauptmann von Carlowitz definiert als „eine[r] Bewirtschaftungsweise, die auf einen möglichst hohen, gleichzeitig aber dauerhaften Holzertrag der Wälder abzielte". Es sollte demnach pro Jahr nicht mehr Holz geschlagen werden, als in derselben Zeit nachwachsen konnte (vgl. Pufé 2012, S. 12). Dieses Ziel bildete somit das erste nachhaltige ressourcenökonomische Prinzip und wurde zum Vorbild für spätere Nachhaltigkeitsüberlegungen.

Anfang des 20. Jahrhunderts fand dieses Prinzip ebenfalls in der Fischerei Anwendung. Die Fangmengen sollten sich an der Reproduktionsdauer der Fischbestände orientieren, damit dauerhaft Erträge erzielt werden können (vgl. Grunwald und Kopfmüller 2012, S. 19). Erst Ende der 1960er und Anfang der 1970er Jahre, als die negativen Folgen des technischen Fortschritts und der Produktions- und Lebensstile vermehrt sichtbar wurden, wurde die Abhängigkeit der Menschheit von natürlichen Ressourcen erneut intensiv thematisiert. Im Bericht „Die Grenzen des Wachstums" des Club of Rome am Massachusetts Institute of Technology wurde dargestellt, wie das Bevölkerungswachstum, die

© Der/die Autor(en), exklusiv lizenziert an Springer Fachmedien Wiesbaden GmbH, ein Teil von Springer Nature 2023
M. H. Dahm und A. Dräger, *Employer Branding mit sozialer Nachhaltigkeit*, essentials, https://doi.org/10.1007/978-3-658-42130-4_2

Ressourcenausbeutung und die Umweltverschmutzung im Laufe der kommenden Jahre den ökologischen und wirtschaftlichen Kollaps hervorrufen werden (vgl. Grunwald und Kopfmüller 2012, S. 21). Der Bericht wurde zu einem Meilenstein der Nachhaltigkeitsbewegung, da durch diesen zum ersten Mal das Verstehen ökologischer Zusammenhänge und die Wechselwirkungen zwischen Mensch und Umwelt in ein öffentliches Bewusstsein traten (vgl. Deutsche Gesellschaft Club of Rom o. J.). Daneben fand im Jahre 1972 die erste UNO-Weltkonferenz zur menschlichen Umwelt in Stockholm statt, die mit 1200 Vertretern aus 114 Staaten die erste internationale Konferenz zu diesem Thema war. Gemeinsam wurde die „Declaration of Stockholm", das erste Umweltprogramm der Vereinten Nationen, entwickelt (vgl. Wördenweber 2017, S. 4).

Um den wachsenden Problemen in den Bereichen Ökologie, Ökonomie und Soziales entgegenzuwirken, wurde im Jahre 1983 die UN-Kommission für Umwelt und Entwicklung, nach dem Vorsitzenden Gro Harlem Brundtland auch „Brundtland-Kommission" genannt, gegründet. Ziel der Kommission war es, Handlungsempfehlungen für eine dauerhafte Entwicklung zu erarbeiten. Der 1987 veröffentlichte „Brundtland-Bericht" stellte die globalen Probleme und Herausforderungen über vier grundlegende Problemfelder fest: Raubbau an den natürlichen Lebensgrundlagen, wachsende Ungleichheit in den Einkommens- und Vermögensverteilungen, zunehmende Anzahl in absoluter Armut lebender Menschen sowie Bedrohung von Frieden und Sicherheit (vgl. Wördenweber 2017, S. 2). Nachhaltigkeit wird hierbei als Bewahrung der Umwelt, Herstellung sozialer Gerechtigkeit und Gewährleistung politischer Teilhabe definiert und liefert damit den bis heute verwendeten Ausdruck einer nachhaltigen Entwicklung (vgl. Grunwald und Kopfmüller 2012, S. 24).

Im weiteren Verlauf fand im Jahre 1992 die UN-Konferenz in Rio de Janeiro statt, auch als Erdgipfel bekannt. Vertreter aus 178 Ländern erkannten als gemeinsamen Konsens an, dass die Produktions- und Konsumarten in den Industrieländern Hauptursache der globalen Probleme darstellen. Als Ergebnis der Konferenz wurden fünf Dokumente ausgearbeitet. Mit der Agenda 21 wurde ein entwicklungs- und umweltpolitisches Aktionsprogramm verabschiedet, das konkrete Handlungsempfehlungen für das 21. Jahrhundert enthält. Ziele wie die Armutsbekämpfung, ein nachhaltiger Umgang mit Ressourcen und die Reduzierung des Treibhauseffektes wurden mit der Agenda 21 festgeschrieben. Zudem wird Nachhaltigkeit als übergreifendes Ziel der Politik definiert. Darüber hinaus wurden verbindliche Konventionen zum Klimaschutz, zur Biodiversität, zur Bekämpfung von Wüstenbildung sowie die Waldgrundsatzerklärung als Grundlage für eine globale Zusammenarbeit herausgegeben.

Beim im Jahre 2000 veranstalteten „Millenniumsgipfel" der Vereinten Nationen wurden die Forderungen der vorangegangenen Konferenzen als Millenniums-Entwicklungsziele (englisch: Millennium Development Goals, MDGs) zusammengefasst. Als Grundlage dienten vier zentrale Handlungsfelder für die internationale Politik. Aus den Bereichen „Frieden, Sicherheit und Abrüstung", „Entwicklung und Armutsbekämpfung", „Schutz der gemeinsamen Umwelt" sowie „Menschenrechte, Demokratie und gute Regierungsführung" wurden dann die acht MDGs abgeleitet. Diese sollten bis zum Jahr 2015 erreicht sein. Zwar wurden im Zusammenhang mit den Zielen bereits Fortschritte erzielt, jedoch nicht im gewünschten Maße. Daher wurden 2015 bei einer weiteren Konferenz der UN die heute noch gültigen 17 Sustainable Development Goals entwickelt (vgl. BMZ o. J., siehe Abb. 2.1).

**Abb. 2.1** Sustainable Development Goals. (Quelle: unesco o. J.; CC-BY-SA 3.0, UN)

## 2.2    Definition

Unter Nachhaltigkeit ist eine dauerhaft tragfähige Entwicklung in den Bereichen Ökonomie, Ökologie und Soziales zu verstehen, die die Bedürfnisse der heutigen Generation berücksichtigt, ohne künftige Generationen der Möglichkeit zu berauben, ihre eigenen Wünsche zu erfüllen (vgl. Wördenweber 2017, S. 9). Dabei werden die drei Bereiche Ökonomie, Ökologie und Soziales als zentrale Handlungsfelder dargestellt. Dies ist auch bekannt unter der Bezeichnung „Triple Bottom Line". Die drei Bereiche sollen gleichzeitig und gleichrangig betrachtet und in ein bestmögliches Gleichgewicht gebracht werden, wobei es häufig zu Wechselwirkungen oder gegenläufigen Interessen kommen kann (vgl. Jacob 2019, S. 17). Auch wenn lange Zeit davon ausgegangen wurde, dass die drei Bereiche miteinander konkurrieren, hat sich mittlerweile die Auffassung verbreitet, dass eine Balance zwischen allen dreien bei bestehender Ertragskraft hergestellt werden kann (vgl. Mayer 2020, S. 4).

Das Handlungsfeld der ökologischen Nachhaltigkeit bezieht sich auf die natürliche Umwelt und den Umgang mit natürlichen Ressourcen. Eine wichtige Rolle nehmen dabei die Belastbarkeit und Reproduktionsfähigkeit der Ökosysteme ein (vgl. Jacob 2019, S. 14). Die ökonomische Nachhaltigkeit betrachtet die Gesamtheit des wirtschaftlichen Produktionskapitals, wobei materielles Sachkapital, immaterielles Human- sowie Wissenskapital einbezogen werden. Durch die Berücksichtigung der ökonomischen Sichtweise werden die Überlebensfähigkeit eines Systems sowie die Steigerung der Wettbewerbsfähigkeit erreicht.

Unter sozialer Nachhaltigkeit werden die innergesellschaftlichen Beziehungen zusammengefasst. Ihr Ziel ist es, die generationsübergreifende Weiterentwicklung der gesellschaftlichen Integration zu gewährleisten. Entscheidend sind dabei die Sicherung von Grundbedürfnissen, die Achtung der Menschenwürde und die Möglichkeit der freien Entfaltung der Persönlichkeit eines jeden Individuums (vgl. Jacob 2019, S. 15). Die drei Handlungsfelder der Nachhaltigkeit können in Form von Säulen grafisch dargestellt werden (s. Abb. 2.2).

Darüber hinaus findet das Schnittmengenmodell Verwendung (vgl. Abb. 2.3). Berücksichtigt wird hierbei der integrative Aspekt des Nachhaltigkeitsbegriffes. Die Schnittmengen zwischen den drei Bereichen stellen eine simultane Erfüllung dar, die für eine nachhaltige Entwicklung maximiert werden sollte (vgl. Jacob 2019, S. 18).

„Nachhaltiges Wirtschaften" bedeutet demnach, Profite sozial und ökologisch verantwortungsvoll zu erwirtschaften, und nicht, Profite zu erwirtschaften, um sie dann für Sozial- oder Umweltbelange einzusetzen (vgl. Pufé 2012, S. 7).

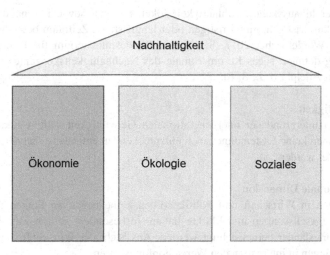

**Abb. 2.2**   Drei-Säulen-Modell der Nachhaltigkeit. (Quelle: Eigene Darstellung in Anlehnung an Jacob 2019, S. 18)

**Abb. 2.3**
Schnittmengenmodell der
Nachhaltigkeit. (Quelle:
Eigene Darstellung in
Anlehnung an Jacob, 2019,
S. 18)

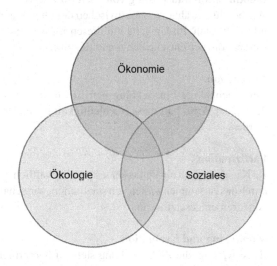

Darüber hinaus kann Nachhaltigkeit lokal, regional sowie international und in einem kurzfristigen, mittelfristigen oder langfristigen Zeitraum betrachtet werden (vgl. Wördenweber 2017, S. 9). Das Bundesministerium für Bildung und Forschung definiert sechs Kernmerkmale des Nachhaltigkeitskonzeptes (vgl. im Folgenden Adelphi o. J., S. 6):

**Langfristigkeit**
Vor dem Hintergrund der intergenerationalen Gerechtigkeit sollten zukünftigen Generationen keine Lasten ohne einen entsprechenden entgegenstehenden Nutzen aufgebürdet werden.

**Internationale Dimension**
Handlungen in Wirtschaft und Politik sollten keine negativen Folgen für ausländische Gesellschaften und Märkte haben. Insbesondere sollten Einflüsse auf Entwicklungsländer berücksichtigt werden. Aus Sicht der Wirtschaft steigen die Anforderungen in internationalen Wertschöpfungsketten.

**Identifikation und Lösung von Zielkonflikten**
Wie bereits erwähnt, können zwischen den drei Säulen der Nachhaltigkeit Zielkonflikte auftreten. Im Umgang mit diesen müssen Prozesse und Instrumente genutzt werden, die bei Entscheidungen unterstützen.

**Integration**
Eine nachhaltige Entwicklung betrifft alle Bereiche der Gesellschaft. Insbesondere in der Wirtschaft muss Nachhaltigkeit in alle Unternehmensbereiche integriert werden.

**Partizipation**
Da Nachhaltigkeit ein umfassendes gesellschaftliches Konzept darstellt, kann sie nur durch das Zusammenwirken von staatlichen, wirtschaftlichen und gesellschaftlichen Akteuren umgesetzt werden.

**Monitoring und Evaluation**
Es ist wichtig, die Zielerreichung stets zu überprüfen. Hierbei helfen Instrumente und Methoden.

## 2.3 Arbeitnehmergruppen

In der Theorie werden Arbeitnehmergruppen überwiegend durch die Zugehörigkeit zu einer bestimmten Altersgruppe oder zu einem Geschlecht beschrieben. Der Arbeitsmarkt besteht allerdings aus mehreren Generationen, wobei die verschiedenen Generationen unterschiedliche Bedürfnisse haben (vgl. Klaffke 2021, S. 6). Somit wird im Folgenden auf die Definition der für den Arbeitsmarkt relevanten Generationen näher eingegangen.

Generationen definieren sich zum einen über bestimmte Geburtsjahrgänge und bilden somit eine gemeinsame Altersgruppe. Darüber hinaus sind jedoch vor allem gemeinsam geteilte Erlebnisse bestimmter Zeitspannen entscheidend, um eine Generation zu definieren (vgl. Klaffke 2021, S. 6). Hierbei werden die sozialen und kulturellen Strukturen herangezogen, in denen bestimmte Personengruppen gemeinsam aufgewachsen sind und durch die sie ähnliche Einstellungen sowie Ansichten entwickelt haben (vgl. Statista 2020, S. 5). Somit wird eine Generation als Gesamtheit der Menschen ungefähr gleicher Altersstufe mit ähnlicher sozialer Orientierung und Lebensauffassung definiert. Typischerweise umfasst eine Generation etwa einen Zeitraum von 20 Jahren (vgl. Sauser und Sims 2012, S. 3). Im Folgenden werden die Generationen kurz beschrieben.

Die Babyboomer-Generation (Geburtsjahrgänge 1946–1964) trägt diesen Namen, weil in dieser Zeit besonders viele Babys geboren wurden (vgl. Bruch et al. 2010, S. 102). Auch heute noch machen die Babyboomer ein Drittel der deutschen Bevölkerung aus, stellen allerdings nur 24 % aller Arbeitnehmer (vgl. Lehmann 2021). Nach dem Ende des Zweiten Weltkriegs nahm der Wohlstand in den westlichen Ländern deutlich zu, weshalb man auch von einer Wohlstandsgeneration spricht. Die Babyboomer gelten als äußerst zielstrebig, konservativ und kritisch, was sich auch in ihrem politischen Engagement, ihrer Arbeitsmoral und ihrem Einfluss auf die Wirtschaft widerspiegelt (vgl. studyflix o. J.).

Die Generation X (Geburtsjahrgänge 1965–1980) ist in einer Zeit des Wohlstands und des Wirtschaftswunders aufgewachsen. In dieser Zeit wurden immer wieder neue Technologien eingeführt und die Teilung in Ost- und Westdeutschland gehörte zum Alltag. Familie und eine glückliche Partnerschaft, ebenso wie soziale Gerechtigkeit, sind der Generation X wichtig (vgl. Statista 2020, S. 45). Digitalisierung haben sie erst im Erwachsenenalter kennengelernt und werden daher „Digital Immigrants" (dt. „digitaler Einwanderer") genannt. Sie machen mit 36 % den größten Anteil der Arbeitnehmer aus (vgl. Lehmann 2022).

Für die Generation Y (Geburtsjahrgänge 1981–1995) wird auch die Bezeichnung „Millennials" genutzt, da der Umbruch vom 20. ins 21. Jahrhundert erlebt wurde. Da diese Generation mit der Digitalisierung erwachsen geworden ist, werden die ihr angehörigen Personen auch „Digital Natives" genannt. Sie ergreifen bewusst eine Vielzahl von Maßnahmen, um dem Klimawandel entgegenzuwirken. Darunter fallen beispielsweise die Anpassung des Konsumverhaltens hin zu weniger Plastikverbrauch oder Fleischverzehr. Wie bei der Generation X sind auch der Generation Y Familie und Partnerschaft wichtig. Leistung, sozialer Aufstieg und Erfolg im Beruf sind wichtige Werte im Leben der Millennials (vgl. Statista 2020, S. 11). Noch mehr als ihre Vorgängergeneration ist die Generation Y in Zeiten großen Wohlstands aufgewachsen. Dies spiegelt sich beispielsweise im Bildungsweg wider, der in vielen Fällen mit einem höheren Bildungsabschluss endete als in den Generationen zuvor. Hinzu kommt, dass schon während der Schulzeit oder während des Studiums fremde Städte und Länder erkundet wurden (vgl. Brüggemann, 2018, S. 145). Sie machen etwa 31 % der Arbeitnehmer aus (vgl. Lehmann 2022).

Die Generation Z (Geburtsjahrgänge 1996–2009) trägt auch den Namen „Generation Youtube" (vgl. Statista 2020, S. 7). PC, Internet und Handys existieren bereits als sie geboren werden. Sie etablieren Instagram, YouTube oder Twitter. Ebenso wie die Generation Y achten sie auf ein angepasstes Konsumverhalten, um positiven Einfluss auf den Klimawandel zu nehmen (vgl. Statista 2020, S. 10). So sind die Grünen die sympathischste Partei für diese Generation (vgl. Statista 2020, S. 14). Ihr ausgeprägtes Umweltbewusstsein spiegelt sich auch bei Kaufentscheidungen wider. Etwa 62 % würden einen höheren Preis für regionale Lebensmittel in Kauf nehmen. Familie und Partnerschaft sind nachrangig wichtig, während Spaß, neue Erfahrungen und das Kennenlernen fremder Kulturen im Vordergrund stehen. Im Vergleich mit Generation X und Y nutzen sie soziale Medien am häufigsten. Für die Generation Z hat Gesundheit eine hohe Priorität, wobei fast die Hälfte Apps auf dem Smartphone oder Tablet nutzt, um ihre Gesundheit zu überwachen (vgl. PricewaterhouseCoopers 2020, S. 5). Es lässt sich also annehmen, dass jüngere Personen technikaffiner und aufgeschlossener gegenüber neuer Technik sind als ältere. Sie machen aktuell mit 10 % den kleinsten Teil der Arbeitnehmer aus.

# Soziale Nachhaltigkeit beim Arbeitgeber 3

## 3.1 Bedeutung für Unternehmen

Gemäß dem Bundesministerium für Bildung und Forschung besteht unternehmerische Nachhaltigkeit darin, die Unternehmensstrategie langfristig auszurichten und soziale, ökologische sowie ökonomische Anforderungen zu integrieren (vgl. Adelphi o. J., S. 7). Eine nachhaltige Unternehmensführung kann aus zwei Ansätzen heraus erfolgen. Zum einen aus dem normativen Aspekt heraus. Dieser bezeichnet die nachhaltigkeitsbezogene Handlung aus Überzeugung heraus oder Nachhaltigkeit als Altruismus. Während Unternehmen von Leistungen der Gesellschaft wie Infrastruktur, Sicherheit oder Bildung profitieren und diese nutzen, wird im Gegenzug die Übernahme von Verantwortung erwartet. Der zweite Ansatz folgt dem instrumentellen Zweck. Nachhaltigkeitsbezogenes unternehmerisches Handeln kann eine Gewinn- oder Werterhöhung hervorbringen. Betriebswirtschaftliche Gründe, wie eine verbesserte Wettbewerbsfähigkeit, ein optimiertes Risikomanagement, verringerte Kosten und eine verbesserte Reputation im Markt, sprechen aus instrumenteller Sicht für nachhaltiges Handeln (vgl. Wördenweber 2017, S. 34).

Nachhaltigkeit mit seinen drei Säulen aus Ökonomie, Ökologie und Soziales sollte vor dem Hintergrund der unternehmerischen Verantwortung in das Handeln integriert werden. Im Rahmen einer zukunftsorientierten Planung müssen alle drei Bereiche gleichzeitig beachtet werden. Im Folgenden wird allerdings nur der Aspekt der sozialen Nachhaltigkeit beleuchtet. Soziale Nachhaltigkeit bedeutet, dass Institutionen und Prozesse die Gesundheit und das Wohlbefinden der Gesellschaft heute und in Zukunft generieren (vgl. Adelphi o. J., S. 7). Dabei sind die sozialen Handlungsfelder komplex und gehen oftmals auch mit umweltbezogenen Problemfeldern einher. Diese Problemfelder treten nicht nur im Unternehmen auf,

© Der/die Autor(en), exklusiv lizenziert an Springer Fachmedien Wiesbaden GmbH, ein Teil von Springer Nature 2023
M. H. Dahm und A. Dräger, *Employer Branding mit sozialer Nachhaltigkeit*, essentials, https://doi.org/10.1007/978-3-658-42130-4_3

**Abb. 3.1**
Handlungsbereiche sozialer
Nachhaltigkeit. (Quelle:
Eigene Darstellung in
Anlehnung an Hedstrom
2018, S. 63)

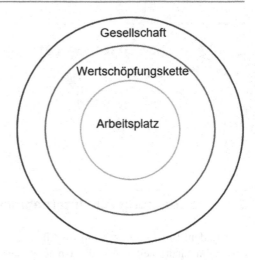

sondern können die ganze Wertschöpfungskette betreffen (vgl. Hedstrom 2018, S. 61). Daraus resultierend kann soziale Nachhaltigkeit in drei Handlungsbereiche unterteilt werden (vgl. Abb. 3.1).

Maßnahmen zur sozialen Nachhaltigkeit, welche die internen Handlungen eines Unternehmens betreffen, werden unter dem Punkt der Arbeitsplatzgestaltung zusammengefasst. Hierbei werden das Umfeld des Arbeitsplatzes, die Arbeitsbedingungen, die Programme zum Gesundheitsschutz, die Sicherheit und das Wohlbefinden der Mitarbeiter adressiert. Im direkten Unternehmensumfeld wird der Einfluss auf soziale Handlungsfelder entlang der Wertschöpfungskette betrachtet. Auf der nächsten Stufe folgt die gesellschaftliche Ebene, bei der das Engagement durch das Unternehmen in der Gesellschaft betrachtet wird (vgl. Hedstrom 2018, S. 63). Für jede der drei Stufen lassen sich eine Vielzahl von Maßnahmen definieren, die teilweise sehr spezifisch an das Unternehmen und sein Umfeld angepasst werden. Um entsprechende Maßnahmen zu definieren, können verschiedene Leitfäden herangezogen werden. In allen Fällen werden jedoch nicht nur Themenbereiche der sozialen Nachhaltigkeit, sondern auch der ökologischen oder ökonomischen Säule behandelt.

Der Deutsche Nachhaltigkeitskodex wurde 2010 vom Rat für Nachhaltige Entwicklung herausgegeben, welcher die deutsche Bundesregierung zur Nachhaltigkeitspolitik berät. Der veröffentlichte Leitfaden umfasst 20 Kriterien, die Unternehmen dabei helfen, ein Nachhaltigkeitsmanagement aufzubauen. Er umfasst die Bereiche Strategie, Prozessmanagement, Umwelt und Gesellschaft.

Für die soziale Nachhaltigkeit sind die Kriterien aus dem Bereich Gesellschaft relevant. Einen ähnlichen Ansatz verfolgt der DIN ISO 26000 „Leitfaden zur gesellschaftlichen Verantwortung von Organisationen", der vom Bundesministerium für Arbeit und Soziales herausgegeben wird. Die internationale Norm ist dabei die erste, die sich mit dem Thema der gesellschaftlichen Verantwortung von Unternehmen befasst. Sieben Kernthemen werden dabei definiert, wobei sechs davon in den Bereich der sozialen Nachhaltigkeit fallen (vgl. BMUV 2014, S. 6).

Von den Vereinten Nationen und der Gemeinschaftsinitiative CERES wurde die „Global Reporting Initiative" herausgegeben. Auch sie weist einen hohen Detailierungsgrad auf, ist zertifizierbar und umfasst neben ökonomischen sowie ökologischen Leistungsindikatoren auch gesellschaftliche Leistungsindikatoren.

Ebenfalls zertifizierbar ist der SA8000, der insgesamt neun thematische Schwerpunkte enthält, wobei acht eindeutig der sozialen Nachhaltigkeit zuzuordnen sind.

Zwei weitere, nicht zertifizierbare Standards sind der „United Nations Global Compact" und die „OECD-Leitsätze". Während Ersterer einen geringeren Detaillierungsgrad aufweist, enthält er zehn Prinzipien, wovon sieben die soziale Nachhaltigkeit betreffen. Die OECD-Leitsätze weisen im Vergleich einen wesentlich höheren Detaillierungsgrad auf und behandeln in vier von neun Bereichen Themen der sozialen Nachhaltigkeit (vgl. OECD 2011, S. 3).

## 3.2 Anforderungen von Arbeitnehmern an Arbeitgeber

Aufgrund der Situation auf dem Arbeitsmarkt wird es aus Arbeitgebersicht immer wichtiger, die Bedürfnisse der aktuellen sowie potenziellen Mitarbeiter zu kennen. Im Folgenden sollen daher die Anforderungen aus Arbeitnehmersicht dargestellt werden und wie sich diese auf die Arbeitgeberattraktivität auswirken. Dies umfasst generelle Anforderungen bezüglich des Arbeitgebers, der Einstellungen des Arbeitgebers zum Thema Nachhaltigkeit und insbesondere Anforderungen bezüglich der sozialen Nachhaltigkeit.

Unter Arbeitgeberattraktivität ist das Zugehörigkeitsgefühl zum Arbeitgeber von aktuellen und potenziellen Mitarbeitern aufgrund unternehmensspezifischer Merkmale zu verstehen. Dabei kann zwischen zwei Dimensionen unterschieden werden. Die Anziehungskraft auf potenzielle Mitarbeiter wird als externe Arbeitgeberattraktivität bezeichnet, während die Bindung der aktuellen Mitarbeiter an das Unternehmen die interne Arbeitgeberattraktivität darstellt (vgl. Huf 2020, S. 26).

Eine der Kernaufgaben des Personalmarketings ist es, die Arbeitgeberattraktivität von Unternehmen positiv zu beeinflussen. Das Ziel ist, dass potenzielle Mitarbeiter das Unternehmen bei der Wahl eines Arbeitgebers anderen gegenüber präferieren und somit das Gewinnen neuer Arbeitnehmer erleichtert wird. Die positive Beeinflussung der internen Arbeitgeberattraktivität dient der Vermeidung von Fluktuation (vgl. Huf 2020, S. 26).

Studien ergaben, dass sich durch soziales Engagement die Wettbewerbsfähigkeit eines Unternehmens im Markt erhöht. In einer Umfrage gaben 76,2 % der Teilnehmer an, für ein Produkt mehr auszugeben, wenn sich das Unternehmen gesellschaftlich engagiert (vgl. Wördenweber, 2017, S. 34). Auch in Bezug auf den Arbeitsplatz ist ein Wertewandel zu beobachten, bei dem Nachhaltigkeit mehr in den Fokus rückt. So schätzen 76 % der Berufstätigen es als wichtig ein, dass Nachhaltigkeit für den Arbeitgeber einen hohen Stellenwert einnimmt, und achten insbesondere bei einem Jobwechsel darauf. Bei Betrachtung der Bindung an den Arbeitgeber stellt Nachhaltigkeit für 40 % einen entscheidenden Faktor dar, während etwa ein Drittel sogar eine Kündigung in Erwägung ziehen würde, wenn sich der Arbeitgeber in sehr umweltschädlichen Projekten engagiert.[1] Dabei wurden nur geringe Unterschiede zwischen den verschiedenen Altersgruppen festgestellt. In einer separaten Befragung von Studierenden in Deutschland[2] konnte ebenfalls ermittelt werden, dass CSR einer der wichtigsten Faktoren für die Bildung eines Firmenimages ist. Auffällig ist dabei jedoch, dass etwa 35 % der weiblichen Teilnehmer großen Wert auf Nachhaltigkeit legen, während es bei den männlichen nur 15 % sind (vgl. Personalwirtschaft 2021). Auch der Bildungsabschluss einer Person kann die Einstellung zur Nachhaltigkeit beeinflussen. So wurde im Rahmen einer Bevölkerungsumfrage durch die FGW Forschungsgruppe Wahlen Telefonfeld herausgearbeitet, dass Personen mit einem höheren Bildungsabschluss die Definition von Nachhaltigkeit eher kennen (vgl. FGW Forschungsgruppe Wahlen Telefonfeld GmbH 2020, S. 7).

Für die Untersuchung der sozialen Nachhaltigkeit und deren Einfluss auf die Arbeitgeberattraktivität bedarf es einer Analyse, welche Anforderungen aus Arbeitnehmersicht bisher ermittelt wurden. Hierfür werden im Folgenden die Ergebnisse zunächst anhand von Generationsbildern im Arbeitsleben dargestellt.

Die Generation der Babyboomer (Geburtsjahrgänge 1946–1964) achtet bei ihrem Arbeitgeber auf Sicherheit und Stabilität des Unternehmens. Ihnen ist eine

---

[1] Die Ergebnisse basieren auf einer durch das Unternehmen Stepstone durchgeführten Umfrage mit 12.000 Beschäftigten im Dezember 2020.

[2] Die Ergebnisse basieren auf einer Befragung von 47.010 Studenten in Deutschland.

langfristige Perspektive des Arbeitsplatzes wichtig. Darüber hinaus werden Sozialleistungen geschätzt. In Bezug auf Arbeitszeiten selbst ist den Babyboomern die Balance zwischen Berufs- und Privatleben weniger wichtig, da sie der Auffassung sind, dass das Leben zum größten Teil aus Arbeiten besteht. Aufgrund ihres zunehmenden Alters wünschen sie sich dennoch mit der Zeit weniger Arbeitsbelastung, zum Beispiel durch Teilzeitmodelle. Das Arbeitsumfeld betreffend wünschen sie sich eine hohe Wertschätzung ihrer bereits gesammelten Erfahrungen, während direktes Feedback durch Vorgesetzte und Kollegen als nicht so wichtig angesehen wird. Geld oder Titel dienen als Statussymbole (vgl. Ruthus 2014, S. 7). Typischerweise haben sie eine hohe Loyalität ihrem Arbeitgeber gegenüber (vgl. Steckl et al. 2019, S. 2).

Die Generation X (Geburtsjahrgänge 1965–1980) achtet bei der Arbeitgeberwahl insbesondere auf Entwicklungsmöglichkeiten und nutzt bestimmte Positionen und Tätigkeiten gezielt als Karrieresprung. Das soziale Ansehen der Stelle ist ihnen daher sehr wichtig. Im Vergleich zur vorangegangenen Generation ist die Balance zwischen Beruf und Privatleben wichtig, weshalb die Generation X gern auf flexible Arbeitszeitmodelle und Teilzeitmodelle zurückgreift. Die Generation X ist an direktem Feedback interessiert. Die Freiheit am Arbeitsplatz nimmt für sie einen höheren Stellenwert ein als Geld oder Titel (vgl. Ruthus 2014, S. 7). Gegenüber dem Unternehmen haben sie eine eher geringe Loyalität, diese gilt eher dem Vorgesetzten (vgl. Steckl et al. 2019, S. 2).

Der Generation Y (Geburtsjahrgänge 1981–1995) sind vor allem der Spaß an der Arbeit sowie spannende und fordernde Aufgaben wichtig. Eine erfüllende Aufgabe stellt dabei eine Art Belohnung dar. Eine Identifikation mit dem Produkt oder den Kollegen ist ausschlaggebend für die Zufriedenheit. Gerne nehmen sie auch Weiterbildungsmaßnahmen durch den Arbeitgeber an. Eine ausgeprägte Feedbackkultur ist für sie essenziell. Für die Generation Y ist es üblich, das Privat- und Berufsleben zu vermischen (vgl. Ruthus, 2014, S. 7). Auch sie weisen oft eine geringe Loyalität gegenüber dem Arbeitgeber auf, sie fühlen sich eher der Tätigkeit selbst verpflichtet. Eine hybride Arbeitsform aus Homeoffice und Arbeiten im Büro ist etwa 76 % der Millennials wichtig. Darüber hinaus ist eine gute Work-Life-Balance einer der Hauptgründe, einen Arbeitgeber auszuwählen (vgl. Deloitte 2021, S. 2–8).

Die Generation Z (Geburtsjahrgänge 1996–2009) fordert eine klare Abgrenzung zwischen Privat- und Berufsleben. Während ihr die Sicherheit des Arbeitsplatzes wichtig ist, hat sie dennoch eine sehr geringe Loyalität gegenüber dem Arbeitgeber (vgl. Steckl et al., 2019, S. 2). Ihre Bildung und Qualifikation plant sie eigenständig und ist weniger auf Vorgaben durch den Arbeitgeber angewiesen. Bei bestehender Unzufriedenheit mit dem Arbeitsplatz ist sie schnell bereit zu kündigen (vgl. Brademann und Piorr 2019, S. 347). Auch bei ihnen ist eine gute Work-Life-Balance einer der Hauptgründe, sich für einen bestimmten Arbeitgeber zu entscheiden (vgl. Deloitte 2021, S. 8).

Darüber hinaus können auch Unterschiede bei den Anforderungen zwischen Männern und Frauen beobachtet werden. Eine Befragung von Statista (vgl. Marconomy, 2022) ergab, dass Frauen mehr Wert auf ein gutes Arbeitsklima (46 %) und Work-Life-Balance (36 %) legen als Männer (34 % und 26 %). Die Beratungsfirma Universum untersuchte, dass Frauen bei der Arbeitgeberwahl ein höheres Interesse an einem Unternehmen mit sozialer Verantwortung und ethischen Standards haben als Männer (31 % zu 24 %) (vgl. Bertelsmann Stiftung, o. J., S. 5).

Nachfolgend werden nun die Ergebnisse zu bisherigen Forschungen im Bereich der sozialen Nachhaltigkeit beim Arbeitgeber dargestellt. Im Rahmen der Untersuchung zu Dimensionen, Wirkungsbeziehungen und Erfolgsgrößen einer internen CSR wurden bereits Dimensionen der internen CSR und deren Wirkung auf das organisationale Commitment beleuchtet. Unter organisationalem Commitment wird das Ausmaß der Identifikation einer Person mit einer Organisation verstanden (vgl. Mory 2014, S. 42). Hierbei wurde in zwei Dimensionen unterteilt. Die wahrgenommene Mitarbeiter-CSR wurde in sieben Faktoren eingeteilt und hinsichtlich der Wirkung auf das Commitment dem Arbeitgeber gegenüber in die folgende Reihenfolge gebracht: 1) Fähigkeitenförderung, 2) Vereinbarkeit von Privatleben und Beruf, 3) Arbeitsumfeld, 4) Eigenverantwortlichkeit, 5) Arbeitsplatzstabilität, 6) Diversity, 7) materielle Mitarbeiterbeteiligung. Somit konnte geschlussfolgert werden, dass berufliche Weiterbildung sowie Maßnahmen zur Vereinbarung von Beruf und Familie vorranging angeboten werden sollten. Daneben stellen auch ein gesunder Arbeitsplatz und das eigenverantwortliche Handeln relevante Faktoren dar. Weniger relevant für die wahrgenommene Mitarbeiter-CSR und demnach den anderen Faktoren untergeordnet sind die Sicherung des Arbeitsplatzes, Diversität innerhalb des Unternehmens und eine finanzielle Beteiligung am Unternehmenserfolg. Die zweite untersuchte Dimension ist die organisationale CSR, die sich durch ein sozial gekennzeichnetes Verhalten ausdrückt. Die Wirkung der Faktoren auf das Commitment konnte nach Wichtigkeit in die folgende Reihenfolge gebracht werden: 1) organisationale Transparenz, 2) organisationale ethische Grundsätze, 3) organisationale Gerechtigkeit, 4) organisationales Engagement. Während den ersten drei Faktoren ein ähnlicher Einfluss zugeschrieben werden kann, hat das organisationale Engagement eine geringere Bedeutung für die Mitarbeiter (vgl. Mory 2014, S. 457). Ermittelt wurden die Erkenntnisse mithilfe einer Mitarbeiterbefragung in zwei Unternehmen der Pharmaindustrie. Die Befragung wurde im Jahre 2012 durchgeführt (vgl. Mory

2014, S. 290). Die Erkenntnisse geben bereits einen Eindruck, welchen Einfluss die Bereiche der sozialen Nachhaltigkeit auf die Arbeitgeberattraktivität haben. Allerdings lassen sie weiterhin die Frage offen, welche Maßnahmen aus Sicht bestimmter Arbeitnehmergruppen wichtig sind. So wird im Rahmen der Forschung von Mory keine Bewertung hinsichtlich Altersgruppen, Geschlecht oder Bildungsgrad abgegeben. Zudem wurden nur bereits beschäftigte Personen befragt, wodurch die Sichtweise von zukünftigen Arbeitnehmern, wie Studierenden oder Auszubildenden, vernachlässigt wurde. Darüber hinaus liegt die Befragung bereits zehn Jahre zurück, sodass davon auszugehen ist, dass die jüngere Hälfte der Generation Y (Geburtsjahrgänge 1981–1995) nicht oder nur sehr eingeschränkt berücksichtigt wurde, während die Generation Z (1996–2009) gar nicht befragt wurde.

In ihrer Veröffentlichung „Bedeutung von CSR für die Arbeitgeberattraktivität" haben Bustamante, Ehlscheidt und Pelzeter unter anderem untersucht, welche Aspekte von CSR von Arbeitnehmern besonders geschätzt werden sowie ob bestimmte Gruppen ausgeprägtere CSR-Präferenzen haben als andere (vgl. Bustamante et al. 2018, S. 1). Hierzu wurden die CSR-Kategorien Mitarbeiter, Markt, Umwelt, Gesellschaft und Unternehmensführung gebildet. In der Untersuchung wurden diese zusätzlich mit den zwei Nicht-CSR-Bereichen Unternehmensattraktivität und Arbeitsplatzattraktivität verglichen. Befragt wurden Mitarbeiter sowie Studierende zweier Hochschulen. Die Auswertung ergab, dass nur mitarbeiterbezogene CSR tatsächlich wichtig für die Befragten ist. So wurden die Kategorien Arbeitsplatzattraktivität und Mitarbeiter auf einer Präferenzskala von 0 bis 5 mit einem Wert zwischen 4 und 5 bewertet. Verantwortliche Unternehmensführung wurde mit einem Wert von ca. 3 im Mittelfeld bewertet. Als am wenigsten wichtig wurden die umwelt- und gesellschaftsbezogenen Kategorien bewertet. Die Ergebnisse ähnelten sich stark zwischen den beiden Gruppen Mitarbeiter und Studierende. Als wichtigste Einzelattribute wurde in beiden Gruppen das Arbeitsklima genannt. Während die Mitarbeiter anschließend Zukunftsfähigkeit und Stabilität sowie Arbeitsplatzsicherheit und Sozialleistungen nannten, folgten bei den Studierenden Work-Life-Balance und Familienfreundlichkeit sowie Fairness und Arbeitsbedingungen. Auch diese Ergebnisse lassen bereits Rückschlüsse auf die Wichtigkeit von Maßnahmen zur sozialen Nachhaltigkeit zu. Zwar decken sich einige Kriterien der Dimensionen Mitarbeiter, Markt und Gesellschaft mit denen der sozialen Nachhaltigkeit, jedoch wurden diese mit Dimensionen verglichen, die nicht in den Bereich der sozialen Nachhaltigkeit fallen. Darüber hinaus fehlt hier ebenfalls eine Befragung der Generation Z.

Zu den Jobanforderungen der Generation Z gibt es bereits Forschungen, die interne Maßnahmen der sozialen Nachhaltigkeit beinhalten. So wurden im Jahr

2019 die Ansprüche an Arbeitsplatzsicherheit, finanzielle Sicherheit, gesellschaftliche Verantwortung und Diversität der Generation Z im Vergleich zu älteren
Generationen untersucht, wobei in allen Fällen eine unterschiedliche Bewertung
erfolgte. Während Arbeitsplatzsicherheit und finanzielle Sicherheit 58 % bzw.
38 % der älteren Generationen wichtig waren, sind es in der Generation Z nur
48 % und 31 % gewesen. Auf die gesellschaftliche Verantwortung und Diversität
legte die jüngste Generation mehr Fokus. 17 % und 16 % der älteren Generationen legen Wert auf diese Attribute, während die Generation Z jeweils 7 % über
dem Durchschnitt lag. Auch diese Erkenntnisse können als Indikator dienen. Sie
umfassen jedoch bei Weitem nicht alle Kriterien der sozialen Nachhaltigkeit. Darüber hinaus wird nicht dargestellt, wie die älteren Generationen untereinander im
Vergleich bewertet haben (vgl. crosswater-job-guide o. J.).

Neben den spezifischen Anforderungen einzelner Arbeitnehmergruppen kann
es aber auch der aktuelle Zeitgeist sein, der die Werte von Arbeitnehmern gleichermaßen beeinflusst, sodass Arbeitnehmer unabhängig von der Zugehörigkeit
zu einer bestimmten Gruppe insgesamt einem aktuellen Trend folgen und ihre
Bedürfnisse daran orientieren. Dieser Aspekt sollte bei der Auswertung ebenfalls
berücksichtigt werden (vgl. Oertel 2007, S. 217).

# Studie zur sozialen Nachhaltigkeit beim Arbeitgeber

4

Im Folgenden wird eine durch die Autoren durchgeführte Studie zur sozialen Nachhaltigkeit beim Arbeitgeber vorgestellt. Es handelt es sich dabei um eine Datenerhebung unter Arbeitnehmern, welche den Jahrgängen der Generationen Babyboomer bis Generation Z angehören, wobei in der ältesten und jüngsten Generation nicht alle Geburtsjahrgänge relevant sind. So sind in der Generation Babyboomer bereits einige Jahrgänge aus dem Arbeitsleben ausgeschieden, während in der Generation Z für diese Studie nur die Geburtsjahrgänge vor 2005 als potenzielle Arbeitnehmer angesehen wurden. Neben der Generationszugehörigkeit wurden die Merkmale „Geschlecht", „aktuelle berufliche Situation" und „höchster Bildungsabschluss" zur Kategorisierung der Teilnehmer ermittelt.

## 4.1 Handlungsfelder

Um eine Kategorisierung der Vielzahl von Maßnahmen in jedem der Bereiche durchzuführen und in der Umfrage zu verwenden, wurden die gängigen Leitfäden zur nachhaltigen Unternehmensführung herangezogen. Zunächst soll die interne Dimension von sozialer Nachhaltigkeit betrachtet werden. Hierbei können die DIN ISO 26000, der deutsche Nachhaltigkeitskodex sowie der Leitfaden der Global Reporting Initiative betrachtet werden. Der Global Compact oder die OECD-Leitsätze sind weitestgehend auf externe Maßnahmen ausgerichtet und daher für den internen Bereich zu vernachlässigen (vgl. OECD 2011, S. 3). Der deutsche Nachhaltigkeitskodex umfasst 20 Kriterien, bei denen sieben dem gesellschaftlichen Aspekt angehören. Die Kriterien sind kategorisiert in „Arbeitnehmerrechte", „Chancengerechtigkeit", „Qualifizierung", „Menschenrechte",

„Gemeinwesen", „politische Einflussnahme" sowie „gesetzes- und richtlinienkonformes Verhalten". Somit betreffen die ersten drei Kategorien die interne Dimension (vgl. Rat für Nachhaltige Entwicklung 2020, S. 7).

Die DIN ISO 26000 umfasst die sieben Kernthemen „Organisationsführung", „Faire Betriebs- und Geschäftspraktiken", „Menschenrechte", „Konsumentenanliegen", „Arbeitspraktiken", „Einbindung" sowie „Entwicklung der Gemeinschaft und Umwelt". Für interne Maßnahmen ist daher die Kategorie „Arbeitspraktiken" relevant. Diese beinhaltet die fünf Handlungsfelder „Beschäftigung und Beschäftigungsverhältnisse", „Arbeitsbedingungen und Sozialschutz", „sozialer Dialog", „Gesundheit und Sicherheit am Arbeitsplatz" sowie „menschliche Entwicklung und Schulung am Arbeitsplatz" (vgl. BMUV 2014, S. 30 f.). Die Standards der Global Reporting Initiative umfassen sieben soziale Handlungsbereiche: Beschäftigung, Arbeitnehmer-Arbeitgeber-Verhältnis, Arbeitssicherheit und Gesundheitsschutz, Aus- und Weiterbildung, Diversität und Chancengleichheit, Nichtdiskriminierung, Vereinigungsfreiheit und Tarifverhandlungen (vgl. Global Reporting Initiative 2022, S. 3).

Die drei vorangegangenen Handlungsfelder können tabellarisch einander gegenübergestellt und teilweise thematisch zu Kategorien zusammengefasst werden (vgl. Tab. 4.1). Da der Bereich der Arbeitszeitmodelle einen hohen Stellenwert in der Literatur einnimmt, kann er als eine separate Kategorie genannt werden, obwohl er in den Leitfäden nur als Maßnahme der verschiedenen Handlungsbereiche genannt wird.

Auch für die Kategorisierung der sozialen Nachhaltigkeit innerhalb der Wertschöpfungskette können die vorangegangenen Leitfäden herangezogen werden. Ergänzt wird der Vergleich um die OECD-Leitsätze sowie den Global Compact (vgl. Tab. 4.2).

Die weiteren Maßnahmen im Bereich der Gesellschaft können sehr spezifisch an das jeweilige Unternehmen angepasst sein. Daher stellt das Engagement in der Gesellschaft eine eigene Kategorie dar. Eine weitere Beschreibung ist nur im Zusammenhang mit der Wirkungsstätte sinnvoll. Wie beispielsweise im DNK-Leitfaden erläutert wird, kann das Engagement auf lokaler und Landesebene stattfinden. Darüber hinaus wird das Engagement immer im Kontext mit unternehmerischer Aktivität verstanden und kann somit auch auf Regionen der Wertschöpfungskette ausgeweitet werden (vgl. Rat für Nachhaltige Entwicklung 2020, S. 102).

Um die ermittelten Kategorien im Rahmen der Umfrage für die Teilnehmer verständlich darzustellen und abzufragen, müssen sie teilweise durch repräsentative Maßnahmen beschrieben werden (vgl. Tab. 4.3).

**Tab. 4.1** Handlungsfelder der internen Dimension sozialer Nachhaltigkeit

| DNK | DIN ISO 26000 | GRI | Kategorie |
|---|---|---|---|
| Arbeitnehmerrechte | Beschäftigung und Beschäftigungsverhältnisse | GRI 401: Beschäftigung<br>GRI 407: Vereinigungsfreiheit und Tarifverhandlungen | Arbeitnehmerrechte |
| – | Arbeitsbedingungen und Sozialschutz | GRI 402: Arbeitnehmer-Arbeitgeber-Verhältnis | |
| Chancengerechtigkeit | Beschäftigung und Beschäftigungsverhältnisse | GRI 405: Diversität und Chancengleichheit | Arbeitszeitmodelle |
| Arbeitnehmerrechte | Gesundheit und Sicherheit am Arbeitsplatz | GRI 403: Arbeitssicherheit und Gesundheitsschutz | Gesundheit und Sicherheit |
| Qualifizierung | Menschliche Entwicklung und Schulung am Arbeitsplatz | GRI 404: Aus- und Weiterbildung | Qualifizierung |
| Chancengerechtigkeit | Sozialer Dialog | GRI 405: Diversität und Chancengleichheit | Vielfalt und Gleichbehandlung |
| – | Beschäftigung und Beschäftigungsverhältnisse | GRI 406: Nichtdiskriminierung | |

**Tab. 4.2** Handlungsfelder der externen Dimension sozialer Nachhaltigkeit

| DNK | DIN ISO 26000 | GRI | OECD-Leitsätze | Global Compact | Kategorie |
|---|---|---|---|---|---|
| Menschenrechte | Menschenrechte | Prüfung auf Einhaltung der Menschenrechte | Menschenrechte | Menschenrechte | Menschenrechte |
| Gesetzes- und richtlinienkonformes Verhalten | Faire Betriebs- und Geschäftspraktiken/ Korruptionsbekämpfung | Korruptionsbekämpfung | Bekämpfung von Bestechung, Bestechungsgeldforderungen und Schmiergelderpressung | Anti-Korruption | Korruption |
| Gesetzes- und richtlinienkonformes Verhalten | Faire Betriebs- und Geschäftspraktiken/ fairer Wettbewerb | Wettbewerbswidriges Verhalten | Wettbewerb | – | Fairer Wettbewerb |
| Gesetzes- und richtlinienkonformes Verhalten | Faire Betriebs- und Geschäftspraktiken/ Achtung der Eigentumsrechte | Schutz der Kundendaten | Verbraucherinteressen | – | Eigentumsrechte |

**Tab. 4.3** Kategorien sozialer Nachhaltigkeit im Untersuchungsmodell

| Kategorie im Rahmen der Studie | Ausprägungsform im Rahmen der Studie |
|---|---|
| Arbeitnehmerrechte | Einhaltung Arbeitnehmerrechte |
| Arbeitszeitmodelle | Flexible Arbeitszeitmodelle |
| Gesundheit und Sicherheit | Arbeitssicherheitsstandards |
| | Gesundheitsförderung |
| Qualifizierung | Qualifizierung |
| Vielfalt und Gleichbehandlung | Vielfalt |
| | Gleichbehandlung |
| | Respektvolle Arbeitskultur |
| Menschenrechte | Menschenrechtsverletzungen |
| | Missstände im Bereich Menschenrechte proaktiv beseitigen |
| | Einfordern ethischer Geschäftspraktiken |
| Korruption | Korruption |
| Fairer Wettbewerb | Fairer Wettbewerb |
| Eigentumsrechte | Wahrung Eigentumsrechte |
| Gesellschaftliches Engagement | Lokales, regionales, an die Wertschöpfungskette gebundenes, vom Unternehmensumfeld losgelöstes Engagement |
| | Freigestellte Arbeitszeit für gesellschaftliches Engagement |

In der Kategorie Arbeitnehmerrechte wurden als Beispiele geregelte Arbeitszeiten und Kündigungsschutz aufgeführt.

Innerhalb der Kategorie „Arbeitszeitmodelle" gibt es eine Vielzahl an verschiedenen Modellen, wie zum Beispiel Teilzeitmodelle, Gleitzeitregelungen, Elternzeit oder Sabbaticals. Sie wurden in der Studie durch zwei Beispiele ergänzt, damit die Kategorie verständlich wird, nämlich „Sabbatical" und „Teilzeitmodelle".

Die Kategorie „Gesundheit und Sicherheit" kann durch zwei Themenbereiche repräsentiert werden. Sie beinhaltet zum einen die Einhaltung von Arbeitssicherheitsstandards und zum anderen Gesundheitsförderungsmaßnahmen. Als Beispiel für die Gesundheitsförderung können Betriebssport oder eine gesunde Kantine angeführt werden (vgl. Pufé 2012, S. 88).

Die Kategorie „Qualifizierung" kann repräsentativ durch Aus- oder Weiterbildungsmaßnahmen dargestellt werden (vgl. Rat für Nachhaltige Entwicklung
2020, S. 94).

Die Kategorie „Vielfalt und Gleichbehandlung" kann in drei Themenbereiche aufgeteilt werden. Die erste Variable ist „Vielfalt im Team", die durch die
Berücksichtigung von verschiedenen Geschlechtern oder Kulturen zum Ausdruck
gebracht werden kann. Die zweite ist die „Gleichbehandlung aller Mitarbeiten-
den". Hier sind faire Gehälter ein Beispiel für die Umsetzung. Als dritte Variable
wird die „respektvolle Arbeitskultur" definiert.

In der Kategorie „Menschenrechte" finden sich drei relevante Aspekte. Neben
dem Aspekt, Menschenrechte durch eigenes Handeln nicht zu verletzen, sollten
Missstände in diesem Bereich durch das Unternehmen proaktiv beseitigt werden.
Darüber hinaus ist ein weiterer wichtiger Punkt, dass ethische Geschäftspraktiken
auch von Geschäftspartnern eingefordert werden.

Die Kategorie „Korruption" wird direkt übernommen und durch „kein Prakti-
zieren von Korruption" veranschaulicht.

Ebenso können die Kategorien „fairer Wettbewerb" und „Eigentumsrechte"
direkt in die Studie überführt werden. „Fairer Wettbewerb" schließt den Aspekt
des Praktizierens und Förderns eines fairen Wettbewerbs ein. Der Bereich „Eigentumsrechte" berücksichtigt die Eigentumsrechte aller Partner des Unternehmens.
Ein Beispiel ist hier der Aspekt Datenschutz.

Die Kategorie „gesellschaftliches Engagement" kann ebenfalls in der Studie Berücksichtigung finden. Bei tiefergehender Betrachtung kann sie zusätzlich
in lokales, regionales, regional an die Lieferkette gebundenes oder vom Unternehmensumfeld losgelöstes Engagement unterteilt werden. Zudem stellt die
Wichtigkeit von freigestellter Arbeitszeit für gesellschaftliches Engagement eine
zusätzliche Komponente dar.

Diese Kategorien wurden jeweils in einer allgemeinen Betrachtung sowie vor
dem Hintergrund der Arbeitgeberwahl und dem Arbeitgeberwechsel betrachtet
und sollten von den Teilnehmern auf einer Skala von 1 bis 5 bewertet werden.

## 4.2    Ergebnisse der Studie

Generell wurde festgestellt, dass interne und externe Maßnahmen einen Einfluss
auf die interne und externe Arbeitgeberattraktivität haben. Zum einen ist dies
bei verschiedenen Maßnahmen in unterschiedlichem Maße zu beobachten. Zum
anderen muss hier teilweise zwischen unterschiedlichen demografischen Gruppen
differenziert werden.

Insgesamt kennt die Mehrheit der Teilnehmer (78 %) die Begrifflichkeit „soziale Nachhaltigkeit", sodass davon auszugehen ist, dass der Thematik eine hohe Aufmerksamkeit entgegengebracht wird. Zusätzlich kann auf die Frage, ob Unternehmen eine gesellschaftliche Verantwortung haben, eine hohe Zustimmung nachgewiesen werden. Daraus lässt sich ableiten, dass Arbeitnehmer die Durchführung von Maßnahmen zur sozialen Nachhaltigkeit erwarten. Personen mit einem höheren Bildungsabschluss stimmen dieser Aussage eher zu, sodass hier ein höheres Bewusstsein vermutet werden kann. Darüber hinaus erwarten die Arbeitnehmer, dass Unternehmen ihre Maßnahmen transparent kommunizieren. Leicht gegenläufig zu dieser Aussage stehen die Arbeitnehmer einer aktiven Information über die Maßnahmen eines Arbeitgebers eher neutral gegenüber. Studenten und Auszubildenden ist im Vergleich zu Angestellten die transparente Kommunikation noch etwas wichtiger.

Ebenso können Erkenntnisse zur Arbeitgeberwahl und dem Verhalten der Teilnehmer in einem solchen Auswahlprozess gewonnen werden. Hierbei ist zu erkennen, dass die Teilnehmer sich vor der Arbeitgeberwahl nicht unbedingt über die Maßnahmen des Unternehmens zur sozialen Nachhaltigkeit informieren. Dennoch fordern sie, dass Arbeitgeber ihre Maßnahmen transparent kommunizieren. Interne Maßnahmen beeinflussen die Arbeitgeberwahl durchschnittlich stärker als die externen Maßnahmen.

In Bezug auf die Maßnahmenbereiche getrennt nach intern und extern ist zu beobachten, dass interne Maßnahmen insgesamt nur als leicht wichtiger beurteilt werden als externe Maßnahmen. Die Analyse der Daten zeigt, dass der Mittelwert aller internen Maßnahmen nur geringfügig höher ist als der Mittelwert bei allen externen Maßnahmen. Dennoch lässt sich feststellen, dass externe Maßnahmen innerhalb der Gesellschaft deutlich höher bewertet werden als jene innerhalb der Wertschöpfungskette eines Unternehmens. Im Durchschnitt bewerten die Teilnehmer Maßnahmen innerhalb der Gesellschaft sowohl generell als auch vor dem Hintergrund der Arbeitgeberwahl und des Arbeitgeberwechsels nur als neutral bis leicht wichtig. Zu den beiden Fragen, ob interne Maßnahmen wichtiger sind als solche innerhalb der Wertschöpfungskette sowie ob externe Maßnahmen innerhalb der Wertschöpfungskette wichtiger sind als innerhalb der Gesellschaft, zeigt sich nur eine neutrale bis leichtere Zustimmung. Nur beim Ranking der drei Maßnahmenbereiche nach ihrer Wichtigkeit wurden Maßnahmen in der Gesellschaft durchschnittlich auf Platz drei gesehen, während Maßnahmen in der Wertschöpfungskette auf Platz zwei und interne Maßnahmen auf Platz eins vorangestellt werden.

Demnach kann zusammengefasst werden, dass nur bei Maßnahmen in den ersten beiden Schichten der unternehmerischen sozialen Nachhaltigkeit ein merklicher Einfluss auf die Arbeitgeberattraktivität festgestellt werden kann. Es ist zu erkennen, dass der Nachhaltigkeitstrend die Anforderungen aus Arbeitnehmersicht beeinflusst. Wenngleich es Unterschiede zwischen demografischen Gruppen gibt, wird einzelnen Maßnahmen eine hohe Bedeutung zugeschrieben. Dies kann darauf zurückzuführen sein, dass der aktuelle Zeitgeist die Anforderungen aller Arbeitnehmer beeinflusst.

**Einfluss einzelner Ausprägungsformen sozialer Nachhaltigkeit auf die Arbeitgeberattraktivität**

Im Bereich der internen Maßnahmen wurden die Kategorien „Arbeitssicherheit", „Respektvolle Arbeitskultur" und „Arbeitnehmerrechte" in allen Fragen am höchsten bewertet. Die generelle Wichtigkeit aus Sicht der Teilnehmer wird dabei etwas höher eingeschätzt als im Kontext der Arbeitgeberwahl oder des Arbeitgeberwechsels. Dennoch ist durch die hohe Bewertung in diesen Kontexten abzuleiten, dass diese Bereiche allesamt den größten Einfluss auf die interne und externe Arbeitgeberattraktivität ausüben. Die Kategorien „Arbeitszeiten", „Gleichbehandlung" sowie „Aus- und Weiterbildung" werden als generell wichtig angesehen, fallen dann aber in der Bewertung im Kontext der Arbeitgeberwahl oder des Arbeitgeberwechsels leicht ab. Zwar kann diesen Variablen ein hoher Einfluss auf die Arbeitgeberattraktivität nachgesagt werden, dennoch sind sie in der Rangfolge nach den Variablen „Arbeitssicherheit", „respektvolle Arbeitskultur" und „Arbeitnehmerrechte" einzuordnen. Auffällig sind die breit gefächerten Antworten bei der Kategorie „Arbeitszeiten". Dies verdeutlicht, dass dieser Maßnahme nicht aus Sicht aller Teilnehmer eine hohe Wichtigkeit zugeschrieben wird. Weniger Einfluss auf die Arbeitgeberattraktivität haben die beiden Kategorien „Gesundheitsförderung" und „Vielfalt im Team". Bei beiden ist deutlich zu erkennen, dass die generelle Wichtigkeit als geringer angesehen wird als bei den vorangegangenen Kategorien. Insbesondere im Kontext eines möglichen Arbeitgeberwechsels lässt sich eine eher neutrale Haltung gegenüber den beiden Kategorien ermitteln. Gleiches ist für die Kategorie „Vielfalt im Team" im Arbeitgeberauswahlprozess zu beobachten. Bei diesem Punkt ist erneut eine große Streuung der Antwortwerte zu beobachten, was vermuten lässt, dass sich die Anforderungen der Teilnehmer hier in höherem Maße unterscheiden. Demnach spielen „Gesundheitsförderung" und „Vielfalt im Team" bei der externen und insbesondere bei der internen Arbeitgeberattraktivität nur eine untergeordnete Rolle.

Wie bereits zu Beginn des Abschnitts aufgeführt, muss der Bereich der externen Maßnahmen zwischen Maßnahmen innerhalb der Gesellschaft und innerhalb der Wertschöpfungskette differenziert werden, wobei die Maßnahmen innerhalb der Gesellschaft einen deutlich geringen Einfluss auf die Arbeitgeberattraktivität ausüben. Hier zeigt sich, dass die Teilnehmer gegenüber dem gesellschaftlichen Engagement eher eine neutrale Haltung einnehmen, wenn es im Arbeitgeberauswahlprozess oder einem möglichen Arbeitgeberwechsel betrachtet wird. Im Allgemeinen differenzieren die Teilnehmer kaum zwischen dem Ort des gesellschaftlichen Engagements bei der Angabe der Wichtigkeit in ihren Augen. Lediglich das Einräumen von Arbeitszeit für Engagement durch die Mitarbeiter wird als deutlich weniger wichtig angesehen. Dennoch liegen bei allen Aspekten 50 % der Antworten zwischen 3,0 und 4,0, sodass eine Beeinflussung nicht ausgeschlossen werden kann. Die Maßnahmen innerhalb der Wertschöpfungskette hingegen können als deutlich wichtiger eingestuft werden. Ähnlich wie bei den internen Maßnahmen zeigt sich bei allen Kategorien eine höhere Bewertung der allgemeinen Wichtigkeit im Gegensatz zu der Bewertung vor der Arbeitgeberwahl oder dem Wechsel des Arbeitgebers. Bei den Kategorien „Menschenrechtsverletzungen" und „Korruption" kann der größte Einfluss auf die Arbeitgeberattraktivität nachgewiesen werden. Nur leicht weniger wichtig für die Arbeitnehmer sind die Kategorien „Missstände im Bereich Menschenrechte proaktiv beseitigen", „Wahrung von Eigentumsrechten" und „fairer Wettbewerb". Etwas weniger wichtig erscheint das „Einfordern ethischer Geschäftspraktiken". Zwar wird dies zunächst als ähnlich wichtig bewertet wie die anderen externen Maßnahmen in der Wertschöpfungskette, es würde aber weniger wahrscheinlich von einer Arbeitgeberauswahl abhalten oder einen zu einem Arbeitgeberwechsel führen. Die in der Studie abgefragten Maßnahmen zur sozialen Nachhaltigkeit wurden durchschnittlich nach ihrer Wichtigkeit wie in Abb. 4.1 dargestellt bewertet.

Darüber hinaus können Unterschiede zwischen einzelnen Maßnahmenbereichen und deren Einfluss auf die Arbeitgeberattraktivität innerhalb demografischer Gruppen ermittelt werden.

**Unterschiede zwischen den Geschlechtern**
Es lässt sich feststellen, dass Frauen in einigen Fällen sensibler auf Themen der sozialen Nachhaltigkeit im Unternehmensumfeld reagieren als Männer. Der durchschnittliche Wert, der bei der Beantwortung der Fragen angegeben wurde, ist bei Frauen signifikant höher ausgefallen als bei Männern. Im Bereich der internen Maßnahmen ist dies bei den Maßnahmen zur „Vielfalt im Team" und „Gleichbehandlung" zu beobachten. Männern sind diese Maßnahmen signifikant weniger wichtig als Frauen. Zuvor konnte festgehalten werden, dass innerhalb der internen Maßnahmen „Vielfalt im Team" den geringsten Einfluss auf die Arbeitgeberattraktivität ausübt. Dies wurde maßgeblich durch die Antworten der männlichen

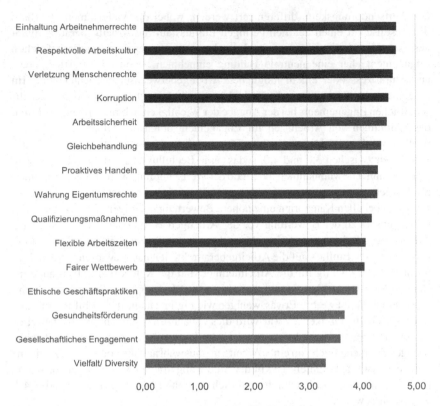

**Abb. 4.1**  Bewertung der Maßnahmen zur sozialen Nachhaltigkeit

Teilnehmer beeinflusst. Im direkten Bezug zur Arbeitgeberwahl oder dem Arbeitge-
berwechsel haben die Männer eine neutrale bis eher ablehnende Haltung zu diesem
Aspekt. Fehlende Vielfalt im Team würde sie also eher nicht zu einer Ablehnung
eines Arbeitgebers oder einem Arbeitgeberwechsel bewegen, während dies bei
Frauen eher zutreffen kann. Im Bereich der Gleichbehandlung gestaltet sich der
Unterschied nicht so eindeutig. Bei beiden Geschlechtern übt dieser Maßnahmenbereich einen Einfluss aus, wenn auch nur in geringerer Weise bei den männlichen
Arbeitnehmern. Zusätzlich ist Frauen das Angebot von flexiblen Arbeitszeiten
wichtiger als Männern und beeinflusst die Arbeitgeberattraktivität.

Im Bereich der externen Maßnahmen gibt es ebenfalls signifikante geschlechterspezifische Unterschiede bei einzelnen Bereichen. „Gesellschaftliches Engagement

in der Lieferkette" und „gesellschaftliches Engagement allgemein" sind Frauen signifikant wichtiger als Männern. Während die Männer bei der Arbeitgeberwahl oder einem Arbeitgeberwechsel eher zu einer neutralen Haltung tendieren, ist es bei den Frauen eher eine zustimmende Haltung. Daneben haben die Kategorien „Menschenrechtsverletzungen", „Missstände im Bereich Menschenrechte proaktiv beseitigen" sowie „Wahrung von Eigentumsrechten" bei Männern weniger Einfluss auf die Arbeitgeberattraktivität als bei Frauen. Hierbei sind jedoch durchgehend Mittelwerte über 4,0 zu beobachten, weshalb bei beiden Geschlechtern ein Einfluss besteht, dieser allerdings bei den weiblichen Teilnehmern deutlicher ist.

**Unterschiede zwischen den Generationen**
Auch zwischen den verschiedenen Generationen lassen sich Unterschiede erkennen. Diese lassen sich erneut nur in einzelnen Maßnahmenbereichen feststellen. Dabei ist der Aspekt der Qualifizierung der Generation Babyboomer generell und vor dem Hintergrund eines möglichen Arbeitgeberwechsels am wichtigsten, während die jüngeren Generationen Y und Z weniger darauf achten. Dennoch würde das Fehlen von Aus- und Weiterbildungsmaßnahmen die Babyboomer-Generation eher nicht davon abhalten, einen Arbeitsplatz anzunehmen. Darüber hinaus gibt es mehrere Bereiche, die der Generation Babyboomer weniger wichtig sind als den jüngeren Generationen. Bei den Bereichen „Arbeitssicherheitsstandards", „Flexible Arbeitszeitmodelle", „Gleichbehandlung" und „respektvolle Arbeitskultur" ist eine Abhängigkeit von der Generation im Kontext der Arbeitgeberwahl, also der externen Arbeitgeberattraktivität, nachgewiesen. Der Trend zeichnet sich gleichermaßen bei der Bewertung der allgemeinen Sichtweise zur Wichtigkeit der einzelnen Maßnahmenbereiche ab. Bei allen vier Maßnahmen fällt die Bewertung bei der Babyboomer-Generation deutlich geringer aus und weist somit einen geringeren Einfluss auf die externe Arbeitgeberattraktivität auf. Bei der internen Arbeitgeberattraktivität ist dies nicht bei allen Kategorien in gleichem Maße zu beobachten. Bei den Maßnahmenbereichen „Arbeitssicherheitsstandards" und „respektvolle Arbeitskultur" vergibt die Babyboomer-Generation weiterhin niedrigere Bewertungen. Deshalb kann angenommen werden, dass diese Aspekte bei der Generation Babyboomer auch einen geringeren Einfluss auf die interne Arbeitgeberattraktivität aufweisen. Die Maßnahmen „flexible Arbeitszeitmodelle" und „Gleichbehandlung" werden hingegen von allen Gruppen eher als gleich bewertet, sodass die Erkenntnisse sich nur auf die externe Arbeitgeberattraktivität beziehen lassen. Es ist zusätzlich zu erwähnen, dass die jüngeren Generationen Y und Z im Kontext der internen Arbeitgeberattraktivität weniger Fokus auf Vielfalt im Team legen als die älteren. Im Vergleich zu anderen Maßnahmen ist „Vielfalt im Team" bei den Generationen Y und Z deutlich weniger wichtig.

Im Bereich der externen Maßnahmen besteht in einigen Fällen ein Einfluss durch die Generationszugehörigkeit. So achten die Generationen X und Babyboomer mehr auf „Korruption", „Wahrung der Eigentumsrechte" und „fairer Wettbewerb" als die beiden jüngeren Generationen Y und Z. Ganz deutlich wird dies im Kontext des Arbeitgeberwechsels. Die beiden älteren Generationen würden bei Missständen in diesen Bereichen eher kündigen als jüngere Generationen. Auch im Bereich Menschenrechte können unterschiedlich starke Ausprägungen beobachtet werden. Insgesamt kann hier festgehalten werden, dass es allen Generationen sehr wichtig ist, Maßnahmen in diesem Bereich zu ergreifen, dennoch ist der Einfluss auf die Arbeitgeberattraktivität bei jüngeren Generationen noch stärker ausgeprägt. Je jünger die Generation, desto stärker zeigt sich die Ausprägung. Zusätzlich konnte beobachtet werden, dass sich die Generation Z deutlich stärker für das Einräumen von Arbeitszeit für gesellschaftliches Engagement ausspricht. Dies lässt also vermuten, dass das persönliche Handeln bewusster angestrebt wird bzw. dass sich diese Generation ein aktives soziales Engagement innerhalb der Arbeitszeit besser vorstellen kann als ältere Generationen.

**Einfluss der beruflichen Situation auf die Anforderungen der Arbeitnehmer**
Der demografische Aspekt der beruflichen Situation kann ebenfalls herangezogen werden, um unterschiedliche Erkenntnisse abzuleiten. Untersucht wurden nur die Gruppen „Studenten und Auszubildende" sowie „Angestellte". Interessant ist hier zu sehen, dass in drei Kategorien bei allen Fragen signifikante Unterschiede festgestellt wurden. So haben im Vergleich die Variablen „Arbeitssicherheit", „Gleichbehandlung" und „respektvolle Kultur" einen größeren Einfluss auf die Arbeitgeberattraktivität bei der Gruppe der Studenten und Auszubildenden als bei den Angestellten. So scheinen Studenten und Auszubildende höhere Anforderungen an Sicherheit an ihrem Arbeitsplatz und das soziale Arbeitsumfeld zu stellen. Im Bereich der flexiblen Arbeitszeiten ist es jedoch genau umgekehrt festzustellen. Dieses Ergebnis stellt sich genau gegenteilig der Ergebnisse vorheriger Forschungen dar, in denen die flexiblen Arbeitszeiten eher jüngeren Personen und somit den Studenten und Auszubildenden wichtig waren.

Im Bereich der externen Maßnahmen ist beim „Engagement innerhalb der Wertschöpfungskette" ein signifikanter Unterschied zu erkennen. Für die Gruppe der Studenten und Auszubildenden hat dies einen höheren Einfluss auf die Attraktivität eines Arbeitgebers als bei Angestellten.

**Einfluss des Bildungsstands auf die Anforderungen der Arbeitnehmer**
Beim Gruppieren nach höchstem Bildungsabschluss können differenzierte Aussagen getroffen werden. Bei den internen Maßnahmen können keine signifikanten

Unterschiede festgestellt werden. Bei den externen Maßnahmen können in zwei Fällen signifikante Unterschiede festgestellt werden. Dabei sind Personen mit einem Studienabschluss Maßnahmen im Bereich der Korruptionsbekämpfung wichtiger als Teilnehmern der anderen Gruppen. Dies ist allerdings nur bei der Betrachtung der allgemeinen Wichtigkeit eindeutig zu erkennen. Somit kann ein Einfluss auf die interne und externe Arbeitgeberattraktivität nicht eindeutig abgelesen werden. Darüber hinaus ist das gesellschaftliche Engagement im allgemeinen Personen mit einem Hauptschulabschluss, Mittlerer Reife oder einer Berufsausbildung wichtiger als Personen mit Abitur oder einem Studienabschluss.

# Handlungsempfehlungen 5

In diesem Kapitel werden Handlungsempfehlungen für Unternehmen aufgezeigt. Diese Handlungsempfehlungen sollen einem Arbeitgeber als Hilfestellung dienen, die Kommunikation und Ausgestaltung von Maßnahmen zur sozialen Nachhaltigkeit zu definieren. Wir können davon abraten, einzelne Maßnahmenbereiche, insbesondere externe Maßnahmen, aufgrund von Präferenzen der Mitarbeiter zu vernachlässigen, obwohl diese im Unternehmensumfeld notwendig und sinnvoll sind.

**Einbindung sozialer Nachhaltigkeit in die Kommunikation**
Da die soziale Nachhaltigkeit prinzipiell eine hohe Sichtbarkeit unter allen Arbeitnehmergruppen erfährt, sollten Unternehmen ihre Maßnahmen in diesem Feld an bestehende und potenzielle Mitarbeiter zunächst ausführlich kommunizieren. Arbeitnehmer fordern zwar eine transparente Kommunikation und die Maßnahmen des Arbeitgebers beeinflussen die Arbeitgeberattraktivität, jedoch würden sie sich eher nicht von sich aus informieren. Daher sollten sie die Kommunikation aktiv vom Unternehmen ausgestalten. Hierbei kann empfohlen werden, die unternehmensspezifischen Maßnahmen zur sozialen Nachhaltigkeit in einem Kurzportrait oder einer Broschüre übersichtlich darzustellen. Dies kann für die externe Verwendung in kürzerer Form verfasst werden, damit es als schnell zu erfassende Information verwendet werden kann. Für den internen Gebrauch oder sofern potenzielle Arbeitnehmer weitere Details fordern, sollte die Broschüre ausführlicher und ganzheitlich formuliert sein. Interne und externe Maßnahmen innerhalb der Wertschöpfungskette sollten in der Kommunikation gleichermaßen berücksichtigt werden. Der Fokus der Kommunikation sollte zunächst auf den internen Maßnahmen liegen, da diese beim Ranking durch die Studienteilnehmer als am wichtigsten angesehen wurden. Nur leicht abfallend in der Wichtigkeit wurden die Maßnahmen innerhalb der Wertschöpfungskette angesehen, weshalb diese ebenfalls Berücksichtigung finden sollten. Da

M. H. Dahm und A. Dräger, *Employer Branding mit sozialer Nachhaltigkeit*, essentials, https://doi.org/10.1007/978-3-658-42130-4_5

das Engagement im gesellschaftlichen Bereich weniger Einfluss auf die Arbeitgeberattraktivität ausübt, kann dies in der Kommunikation eher nachrangig erwähnt
werden. Die im Rahmen der Studie entwickelten Kategorien und Maßnahmenfelder
können als eine Art Checkliste dienen, um soziale Nachhaltigkeit umfassend und
ganzheitlich darzustellen. Zusätzlich sollten Sie Maßnahmen im internen und externen Bereich der sozialen Nachhaltigkeit unter Berücksichtigung von Leitfäden, wie
dem United Nations Global Compact oder dem Deutschen Nachhaltigkeitskodex,
bewerten und ggf. ausweiten, um neben dem eigentlichen Zweck der Nachhaltigkeit
zusätzlich attraktiver für Arbeitnehmer zu werden.

**Nachhaltige Unternehmensführung**
Verankern Sie soziale Nachhaltigkeit in Ihrer Unternehmensstrategie und -kultur,
indem Sie Umwelt-, Sozial- und Governance-Aspekte (ESG) in Entscheidungsprozessen berücksichtigen. Zusätzlich sollten Sie für Ihr Unternehmen einen
Verhaltenskodex erstellen, der einen Rahmen für Ihre Mitarbeiter im täglichen Handeln schaffen kann. Darüber hinaus, zeigt dies, dass Sie das Thema ernst nehmen,
was intern, aber auch von externen Partnern wahrgenommen werden kann.

**Bildungsangebote schaffen, Workshops und Schulungen**
Als Arbeitgeber sollten Sie regelmäßig Workshops und Schulungen zu verschiedenen Themen anbieten, um das Bewusstsein der Mitarbeiter für soziale Nachhaltigkeit
zu erhöhen. Über alle demografischen Gruppen hinweg konnte beobachtet werden,
dass Maßnahmen zur Vielfalt im Team in der Wichtigkeit deutlich abfallen und
auch einen geringen Einfluss auf die Arbeitgeberattraktivität ausüben. Hier besteht
weiterhin Handlungsbedarf seitens der Unternehmen, die Wichtigkeit von Diversität und die Erfolgswirksamkeit für das Unternehmen herauszustellen. Insgesamt
sollten solche Schulungen aber alle Themen der Nachhaltigkeit wie Umweltschutz,
Diversity oder soziale Verantwortung behandeln. Dies wird dazu führen, dass Mitarbeiter besser nachvollziehen können, warum bestimmte Maßnahmen durchgeführt
werden. Darüber hinaus werden sie sensibilisiert für das unternehmensspezifische
Umfeld und die Anforderungen an soziale Nachhaltigkeit in diesem Unternehmen. Auf der einen Seite könnten so Mitarbeiter ein verbessertes Verständnis dafür
bekommen, warum Maßnahmen vom Unternehmen anders priorisiert werden, als
sie es sich selbst wünschen würden. Auf der anderen Seite können Führungskräfte
die Wichtigkeit von Maßnahmen besser einschätzen und die Sichtweise ihrer Mitarbeiter nachvollziehen. Mitarbeiter, die sich für diese Themen interessieren, können
sich auch aktiv einbringen und soziales Engagement im Unternehmen fördern.

Also: Schaffen Sie Möglichkeiten für ehrenamtliches Engagement und gemein-nützige Arbeit, um die Mitarbeiterbindung zu stärken und den sozialen Beitrag des Unternehmens zu erhöhen.

**Mitarbeiterengagement**
Arbeitgeber sollten ihre Mitarbeiter aktiv in Entscheidungsprozesse und Projekte einbinden. Mitarbeiter, die das Gefühl haben, dass ihre Meinung und Ideen gehört werden, sind in der Regel motivierter und engagierter. Schaffen Sie Möglichkeiten für den Austausch von Ideen und Feedback, z. B. durch anonyme Vorschlags-boxen oder Online-Plattformen. Fördern Sie die Partizipation der Mitarbeiter in Entscheidungsprozessen auch durch Projektgruppen oder Arbeitskreise zu bestimm-ten Themen. Ein gutes Mitarbeiterengagement ist auch ein wichtiger Faktor, um die Mitarbeiterbindung und -zufriedenheit zu erhöhen.

**Gute Kommunikation und Interaktion**
Eine klare und offene Kommunikation zwischen Führungskräften bei den Arbeitge-bern und Mitarbeitern ist wichtig, um Missverständnisse zu vermeiden und ein gutes Arbeitsklima zu schaffen. Wenn Sie regelmäßig Mitarbeitergespräche, Feedback-runden oder Mitarbeiterbefragungen durchführen, kann dies dazu beitragen, dass Mitarbeiter ihre Meinung und Anliegen äußern und sich gehört fühlen. Etablieren Sie eine transparente Informationspolitik und passende Kommunikationsformate, wie Teammeetings oder Townhall-Meetings. Durch eine offene Kommunikation können auch Konflikte frühzeitig erkannt und gelöst werden. Die Zufriedenheit der Mitarbeiter sollten Sie regelmäßig messen und kontinuierlich Verbesserungen umsetzen. Dadurch werden Sie als Arbeitgeber attraktiver und können langfristig Mitarbeiter binden.

**Vielfalt, Inklusion und Chancengleichheit fördern**
Arbeitgeber sollten eine offene und inklusive Arbeitsumgebung schaffen, in der jeder Mitarbeiter unabhängig von Geschlecht, Alter, ethnischer Herkunft oder sexueller Orientierung gleiche Chancen hat. Hierzu können Sie interkulturelle Schu-lungen oder Diversity-Trainings durchführen, um ein respektvolles Miteinander und tolerantes Arbeitsumfeld zu fördern. So können Mitarbeiter stolz sein, Teil eines diversen Unternehmens zu sein, was die Arbeitgeberattraktivität erhöhen wird. Setzen Sie auch diskriminierungsfreie Einstellungsverfahren ein und stel-len Sie Diversität in Führungspositionen sicher. Und zu guter Letzt: Schaffen Sie Möglichkeiten für den Austausch und die Zusammenarbeit zwischen unterschiedli-chen Kulturen, Geschlechtern und Altersgruppen. Nicht zu vergessen: Fördern Sie

Inklusion und Barrierefreiheit, z. B. durch geeignete Arbeitsplatzgestaltung und
Zugänglichkeit für Menschen mit Behinderung.

**Mitarbeiterentwicklung und -förderung**
Arbeitgeber sollten Weiterbildungs- und Entwicklungsprogramme anbieten, um
ihren Mitarbeitern Karrieremöglichkeiten zu eröffnen. Dies ist ein wichtiger Faktor,
um das Engagement und die Bindung der Mitarbeiter zu erhöhen. Entwickeln Sie
individuelle Fortbildungspläne für Ihre Mitarbeiter und unterstützen Sie sie finan-
ziell und zeitlich bei der Umsetzung. Fördern Sie den internen Aufstieg, indem Sie
Karriereentwicklungsmöglichkeiten und Mentoring-Programme anbieten. Schaffen
Sie Raum für Experimentieren und Lernen, z. B. durch projektbasiertes Arbeiten oder die Möglichkeit, in anderen Abteilungen Erfahrungen zu sammeln. Wenn
Mitarbeiter sehen, dass sie sich weiterentwickeln und neue Fähigkeiten erwerben
können, fühlen sie sich wertgeschätzt und bleiben dem Unternehmen treu.

**Faire Bezahlung und Sozialleistungen**
Arbeitgeber sollten faire und transparente Löhne und Vergütungen bieten, um die
Wertschätzung und das Vertrauen der Mitarbeiter zu erhöhen. Implementieren Sie
ein Gehaltssystem, das auf Leistung und Erfahrung basiert. Eine gerechte Ent-
lohnung ist eine wichtige Grundlage für ein gutes Arbeitsklima und motivierte
Mitarbeiter. Hier sollten Arbeitgeber auch darauf achten, dass Frauen und Männer
gleich bezahlt werden. Bieten Sie neben wettbewerbsfähigen Gehältern zusätzliche Sozialleistungen wie betriebliche Altersvorsorge, Gesundheitsförderung und
Mitarbeiterrabatte an.

**Flexible Arbeitsbedingungen und familienfreundliche Arbeitszeitmodelle**
Flexible Arbeitsbedingungen wie Teilzeitarbeit, Homeoffice, Gleitzeit oder Möglichkeiten zur Auszeit (z. B. Sabbatical) tragen dazu bei, die Work-Life-Balance
der Mitarbeiter zu verbessern und die Vereinbarkeit von Beruf und Familie zu
unterstützen. Schaffen Sie Angebote zur Kinderbetreuung, wie betriebseigene Kin-
dertagesstätten oder Kooperationen mit lokalen Einrichtungen und etablieren Sie
Regelungen für Elternzeit und Pflegezeit, um Mitarbeiter in unterschiedlichen
Lebensphasen zu unterstützen. Kurz: Schaffen Sie ein ausgewogenes Verhältnis
zwischen Arbeit und Privatleben. Diese Arbeitsbedingungen werden von vielen
Arbeitnehmern geschätzt und können auch dazu beitragen, qualifizierte Fachkräfte
anzuziehen und zu halten.

**Gesundheitsförderung**
Arbeitgeber sollten auch in Bezug auf die Gesundheit ihrer Mitarbeiter verantwortungsvoll handeln. Hier können Maßnahmen wie Gesundheitsprogramme und Aktivitäten wie Fitnesskurse, Massagen oder Yoga, aber auch Gesundheitschecks und Betriebssportangebote helfen, das Wohlbefinden der Mitarbeiter zu fördern. Schaffen Sie ergonomische Arbeitsplätze und achten Sie auf ausreichende Beleuchtung und das Raumklima. Implementieren Sie Präventionsmaßnahmen zur psychischen Gesundheit, wie Stressmanagement-Trainings und Supervisionen. Fördern Sie körperliche Aktivität und gesunde Ernährung am Arbeitsplatz, z. B. durch Sportangebote, Pausenräume oder gesunde Verpflegung in der Kantine. Eine gesunde Belegschaft trägt auch zum Unternehmenserfolg bei. Fördern Sie also die Gesundheit und das Wohlbefinden Ihrer Mitarbeiter. Dies wird nicht nur zu einer besseren körperlichen und geistigen Gesundheit der Mitarbeiter beitragen, sondern auch zu einem positiven Arbeitsumfeld.

**Missstände ernst nehmen**
In einem Arbeitsumfeld, in dem soziale Nachhaltigkeit in die Unternehmenskultur eingebunden ist und in dem Mitarbeiter umfassend geschult sind, können diese Missstände in Bezug auf die soziale Nachhaltigkeit aufdecken. Schaffen Sie eine Kultur, in der Mitarbeiter offen ihre Beobachtungen und Bedenken mitteilen können oder ermöglichen Sie einen anonymen Weg der Kommunikation. Behandeln Sie diese Themen mit Nachdruck und geben Sie den Mitarbeitern Feedback und kommunizieren Sie regelmäßig die Fortschritte zum Stand der Bearbeitung.

**Soziale Nachhaltigkeit in das Vergütungssystem einbinden**
Um soziale Nachhaltigkeit auf allen Ebenen zu verankern, kann es sinnvoll sein, unternehmensspezifische Kennzahlen zu entwickeln, die Maßnahmen zur sozialen Nachhaltigkeit enthalten. Somit können diese in individuelle Zielvereinbarungen von Führungskräften und Management integriert werden, um sicherzustellen, dass die entsprechenden Maßnahmen umgesetzt werden.

**Unterstützung von sozialen Projekten**
Arbeitgeber sollten soziale Projekte in der Umgebung unterstützen und aktiv dazu beitragen, dass diese Projekte gefördert werden. Hier können Spendenaktionen, ehrenamtliches Engagement oder Partnerschaften mit sozialen Organisationen helfen, das soziale Engagement des Unternehmens zu zeigen und auch das Image als verantwortungsbewusster Arbeitgeber zu stärken.

**Aktivitäten sichtbar machen**

Um das eigene Handeln sichtbar zu machen – sei es gegenüber Mitarbeitern oder Dritten – ist es sinnvoll, Mitglied in Nachhaltigkeitsinitiativen zu werden. Dies fördert den Austausch mit anderen Unternehmen und kann Transparenz schaffen. Zudem ist es ein Aushängeschild für das Unternehmen und stärkt die Glaubwürdigkeit. Zertifizierungen nach Leitfäden oder Nachhaltigkeitsinitiativen, die durch unabhängige Dritte durchgeführt werden, schaffen zusätzliches Vertrauen.

**Geschäftspartner einbinden**

Um Maßnahmen im externen Unternehmensumfeld sicherzustellen, wie z. B. die Einhaltung von Menschrechten in allen Stufen der Wertschöpfungskette oder das Vermeiden von Korruption, können Geschäftspartner aktiv in die Maßnahmengestaltung eingebunden werden. Formulieren Sie gemeinsam mit Ihren Geschäftspartnern Handlungsrichtlinien oder Absichtserklärungen und unterstützen Sie sich gegenseitig bei der Durchführung von Maßnahmen. Dies stärkt die Geschäftsbeziehung und die Reputation im Unternehmensumfeld.

Im Rahmen des Employer Brandings sollten Sie ein spezifisches Konzept für die Kommunikation entwickeln, das das Handlungsfeld Nachhaltigkeit explizit anspricht und Ihre Maßnahmen einbindet. Hierbei sind für alle Arbeitnehmer gleichermaßen wichtige Aspekte wie „Arbeitssicherheit", „respektvolle Arbeitskultur" und „Arbeitnehmerrechte" im internen und „Menschenrechtsverletzungen" sowie „Korruption" im externen Maßnahmenbereich aufzugreifen. Da die Studienergebnisse gezeigt haben, dass unterschiedliche Arbeitnehmergruppen differenzierte Anforderungen an Arbeitgeber stellen, sollten Sie in diesem Zuge auch spezifische Inhalte für verschiedene demografische Gruppen ausformulieren. Diese Empfehlungen gelten gleichermaßen für die Kommunikation an bestehende sowie potenzielle Mitarbeiter.

**Geschlechterspezifische Kommunikation**

Es konnte beobachtet werden, dass Frauen insgesamt mehr Wert auf soziale Nachhaltigkeit legen als Männer und die Maßnahmen hierzu bei Frauen einen höheren Einfluss auf die Arbeitgeberattraktivität ausüben. Daher sollten Sie in der Kommunikation mit weiblichen Arbeitnehmern einen größeren Fokus auf die soziale Nachhaltigkeit legen und diese stärker in die Kommunikation einbinden. Mit den Themen Vielfalt im Team und Gleichbehandlung aller Mitarbeiter befassen sich Frauen mehr als Männer. Darüber hinaus hat die Möglichkeit einer flexiblen Arbeitszeitgestaltung bei Frauen eine höhere Wichtigkeit als bei Männern. Somit sollten Sie diese drei Aspekte und deren Umsetzung im Unternehmen bei Frauen verstärkt kommunizieren.

**Generationsspezifische Angebote erarbeiten**

Bei der Analyse von Vorstellungen seitens der Arbeitnehmer an ihren Arbeitsplatz können immer wieder generationsspezifische Anforderungen herausgearbeitet werden. Auch im Bereich der sozialen Nachhaltigkeit konnte dies beobachtet werden. Daher ist es empfehlenswert, diese Erkenntnisse zu nutzen und in generationsspezifische Angebote zu überführen. Für die Generation X und Babyboomer sollten Sie die internen Maßnahmen zur Qualifizierung eher hervorheben als bei jüngeren Generationen, da diese bei den beiden jüngeren Generationen weniger Einfluss auf die Arbeitgeberattraktivität ausüben. Gleiches gilt für die externen Maßnahmen zu einem fairen Wettbewerb und Korruptionsbekämpfung, welche bei der Kommunikation mit älteren Generationen nicht vernachlässigt werden sollten. Flexible Arbeitszeiten haben in den Generationen X und Y einen höheren Einfluss auf die Arbeitgeberattraktivität als in den anderen Generationen und sollten daher in dieser Gruppe stark fokussiert werden. Da die Generation Z aktuell auf dem Arbeitsmarkt nur einen Anteil von etwa 10 % ausmacht, können Unternehmen bisher oftmals nur auf wenige Erfahrungswerte mit dieser Generation zurückgreifen. Gleichzeitig werden in den nächsten Jahren immer mehr Arbeitnehmer dieser Generation ins Berufsleben eintreten, wodurch Unternehmen vor die Herausforderung gestellt werden, die Anforderungen der Generation Z zu berücksichtigen. In Bezug auf die soziale Nachhaltigkeit zeigte sich, dass nur in einigen Maßnahmenbereichen andere Präferenzen bestehen als bei den älteren Generationen. Der Aspekt des eigenen gesellschaftlichen Engagements sollte jedoch hervorgehoben werden. Das soziale gesellschaftliche Engagement eines Unternehmens ist der Generation Z ähnlich wichtig wie den älteren Generationen. Da sie jedoch dem Engagement innerhalb der Arbeitszeit deutlich zustimmender begegnet ist, könnte sich dies positiv auf die Arbeitgeberattraktivität auswirken. Daher sollten Unternehmen diesen Bereich in der Kommunikation mit der Generation Z ebenfalls berücksichtigen.

Die Aspekte „Arbeitssicherheit", „Gleichbehandlung" und „respektvolle Kultur" waren Studenten und Auszubildenden signifikant wichtiger als bereits angestellten Arbeitnehmern. Es kann daher vermutet werden, dass Personen, die noch in ihrer Berufsausbildung stehen, auf diese Punkte vermehrt Wert legen.

# Fazit 6

Zusammengefasst kann festgehalten werden, dass soziale Nachhaltigkeit unter den Arbeitnehmern eine hohe Sichtbarkeit erfährt. Der überwiegende Teil der Arbeitnehmer kennt die Begrifflichkeit und nimmt eine soziale Verantwortung von Unternehmen an, die durch Durchführung verschiedener Maßnahmen im Unternehmen und dessen direktem und erweitertem Umfeld ausgestaltet wird.

Arbeitgeber können verschiedene Handlungsfelder differenziert betrachten. Interne und externe Maßnahmen zur sozialen Nachhaltigkeit durch den Arbeitgeber sind insgesamt ähnlich wichtig und üben einen Einfluss auf die interne sowie externe Arbeitgeberattraktivität aus. Wenngleich beide Maßnahmenbereiche einen deutlichen Einfluss ausüben, ist dieser bei externen Maßnahmen im Bereich der Gesellschaft in etwas untergeordneter Weise vorhanden. Der externe Maßnahmenbereich innerhalb der Wertschöpfungskette des Arbeitgebers ist im Vergleich zum internen Bereich nur leicht nachrangig zu bewerten. Werden die drei Ebenen nachhaltigen Handelns in eine Reihenfolge gebracht, so ist die interne Ebene die wichtigste aus Arbeitnehmersicht, dicht gefolgt von der Ebene der Wertschöpfungskette. Anschließend folgt die Ebene der Gesellschaft.

Im Rahmen der internen Perspektive sind die Aspekte „Arbeitssicherheit", „Respektvolle Arbeitskultur" und „Arbeitnehmerrechte" unabdingbar aus Sicht der Mitarbeiter und üben den größten Einfluss auf die Arbeitgeberattraktivität aus. Auf der externen Ebene sind es die Maßnahmen zur Einhaltung von Menschenrechten und Korruptionsbekämpfung, die aus Arbeitnehmersicht zwingend eingefordert werden und den größten Einfluss auf die Arbeitgeberattraktivität haben. Der aktuelle Zeitgeist definiert das Wertesystem von Arbeitnehmern und beeinflusst deren Anforderungen an Arbeitgeber. Da Nachhaltigkeit einen der aktuellen Megatrends der Gesellschaft darstellt, sind mögliche Maßnahmen in diesem Bereich den Arbeitnehmern präsent und sie fordern diese ein.

Darüber hinaus kann festgestellt werden, dass der Einfluss einzelner Handlungsfelder auf die Arbeitgeberattraktivität einen Unterschied zwischen demografischen Gruppen, insbesondere dem Geschlecht und der Generation, aufweist. Im Geschlechtervergleich achten Frauen mehr auf die Handlungsfelder Vielfalt und Gleichbehandlung, während ihnen im Durchschnitt flexible Arbeitszeiten wichtiger sind als Männern. Darüber hinaus haben die externen Maßnahmenbereiche „Menschenrechte" und das gesellschaftliche Engagement einen größeren Einfluss auf die Arbeitgeberattraktivität. Auch die unterschiedlichen Generationen bewerten die internen Maßnahmen differenziert. Während die Themen Arbeitssicherheit und Gleichbehandlung immer mehr bedeutender werden, je jünger die Generation ist, werden flexible Arbeitszeitmodelle eher von Personen der Generation X und Y bevorzugt. Die Babyboomer und Generation Z legen hierauf etwas weniger Fokus. Im externen Handlungsfeld sind es die älteren Generationen, die stärker auf Korruption, das Wahren von Eigentumsrechten und fairen Wettbewerb achten als jüngere. Auch die berufliche Situation kann ein Indikator dafür sein, dass einzelne Maßnahmen einen unterschiedlichen Einfluss auf die Arbeitgeberattraktivität ausüben. So haben bei Studenten und Auszubildenden die Sicherheit am Arbeitsplatz und das soziale Arbeitsumfeld einen höheren Einfluss. Hingegen haben flexible Arbeitszeiten für Angestellte eine höhere Attraktivität. Daneben kann auch der höchste Bildungsabschluss für die Anforderungen relevant sein. So ist festzuhalten, dass bei Personen mit einem geringeren Bildungsstand eine respektvolle Arbeitskultur weniger Einfluss auf die Arbeitgeberattraktivität hat als bei Personen mit höherem Bildungsstand.

Insgesamt ist das Feld der sozialen Nachhaltigkeit somit für personalwirtschaftliche Diskussionen und das Employer Branding interessant. Es zeigt sich, dass Unternehmen durch Handeln in diesem Feld zusätzliche positive Effekte bei der Gewinnung und dem Halten von Mitarbeitern erwarten dürfen.

**Ausblick**

Die Megatrends Nachhaltigkeit und der demografische Wandel werden in der Gesellschaft in den kommenden Jahren weiterhin präsent sein. Die vorliegenden Ergebnisse erweitern die bereits in der Wissenschaft vorhandenen Erkenntnisse zum Thema. Darüber hinaus können sie auch als Grundlage für weitergehende Forschungen auf diesem Gebiet dienen. Im Rahmen dieses Buches wurde dargestellt, welche Maßnahmen im Rahmen der sozialen Nachhaltigkeit aus Arbeitnehmersicht im Allgemeinen und aus Sicht spezifischer Arbeitnehmergruppen auf die Arbeitgeberattraktivität Einfluss nehmen. Für den Arbeitsmarkt können zusätzliche Untersuchungen auf Basis von anders abgegrenzten Arbeitnehmergruppen von

Bedeutung sein. So wäre es sinnvoll, Arbeitnehmergruppen nach Personen mit Führungsposition und anderen Arbeitnehmern abzugrenzen. Zudem kann der Fokus auf die berufliche Situation oder den höchsten Bildungsabschluss gelegt werden, da diese beiden Merkmale in der diesem Buch zugrunde liegenden Studie nur nachrangig betrachtet werden konnten. Auch branchenspezifische Auswertungen können hilfreich sein, um die Auswirkungen auf Anforderungen der Arbeitnehmer aufgrund ihrer Tätigkeit in einer bestimmten Branche zu untersuchen.

Zusätzlich sollte weitergehend betrachtet werden, wie die Maßnahmen zur sozialen Nachhaltigkeit im Vergleich mit anderen Merkmalen des Arbeitsplatzes bewertet werden. Somit könnte ermittelt werden, wie die Arbeitnehmer soziale Nachhaltigkeit ins Verhältnis, beispielsweise zum Standort der Arbeitsstätte, zur Ausgestaltung des Arbeitsplatzes oder zum Gehalt setzen würden und ob solche Kriterien im Vergleich einen größeren Einfluss auf die Arbeitgeberattraktivität besitzen. Insbesondere die Maßnahmen der externen Handlungsfelder sind hierbei zu betrachten, da wissenschaftliche Forschungen ergaben, dass die externen gegenüber den internen Maßnahmen keinen nennenswerten Einfluss auf die Arbeitgeberattraktivität besitzen. Darüber hinaus könnte zusätzlich der direkte Einfluss von sozialer Nachhaltigkeit auf die Mitarbeiterzufriedenheit und -loyalität untersucht werden.

# Was Sie aus diesem *essential* mitnehmen können

- Soziale Nachhaltigkeit ist aus Arbeitnehmersicht ein wichtiges und sehr aktuelles Thema
- Arbeitnehmer fordern Maßnahmen zur sozialen Nachhaltigkeit bei ihrem Arbeitgeber
- Arbeitssicherheit, eine respektvolle Arbeitskultur und das Einhalten von Arbeitnehmerrechten sind unabdingbar aus Sicht der Mitarbeiter
- Auch Maßnahmen zur Einhaltung von Menschenrechten und Korruptionsbekämpfung sind aus Mitarbeitersicht essenziell
- Die Präferenzen einzelner Maßnahmen kann zwischen verschiedenen demografischen Gruppen variieren
- Die Einbindung von solchen Maßnahmen ist für Arbeitgeber eine große Chance, Mitarbeiter langfristig für sich zu gewinnen

# Literatur

Adelphi. (o.J.). Handlungsfelder unternehmerischer Nachhaltigkeit – Praxisbeispiele und Entwicklungsbedarf. https://www.adelphi.de/en/system/files/mediathek/bilder/Handlu ngsfelder_unternehmerischer_Nachhaltigkeit.pdf. Zugegriffen: 02.04.2022.

Bertelsmann Stiftung. (o. J.). Was wünschen sich Frauen von ihrer Arbeit. https://www.ber telsmann-stiftung.de/fileadmin/files/BSt/Publikationen/GrauePublikationen/GP_Was_ wuenschen_sich_Frauen_von_ihrer_Arbeit.pdf. Zugegriffen: 01.04.2022.

BMUV (2014). Gesellschaftliche Verantwortung von Unternehmen. https://www.bmuv.de/fil eadmin/Daten_BMU/Pools/Broschueren/csr_iso26000_broschuere_bf.pdf. Zugegriffen 02.04.2022.

BMZ. (o.J.). https://www.bmz.de/de/service/lexikon/un-konferenz-fuer-umwelt-und-entwic klung-rio-konferenz-1992-22238. Zugegriffen 10.04.2022.

Brademann, I., & Piorr, R. (2019). Generation Z – Analyse der Bedürfnisse einer Generation auf dem Sprung ins Erwerbsleben. In, Hrsg. Hermeier, B., Heupel, T., & Fichtner-Rosada, S. (Hrsg.), *Arbeitswelten der Zukunft* (S. 346–360). Wiesbaden: Springer Gabler.

Bruch, H., Kunze, F., & Böhm, S. (2010). *Generationen erfolgreich führen.* Wiesbaden: Springer Gabler.

Brüggemann, S. (2018). Generationenwechsel – Erwartungen und Erfordernisse aus Sicht der nächsten Generation. In Brüggemann, S., Brüssel, C., & Härthe, D. (Hrsg.), *Nach-haltigkeit in der Unternehmenspraxis* (S. 143–154). Wiesbaden: Springer Gabler.

Bustamante, S., Pelzeter, A., & Ehlscheidt, R. (2018). *Bedeutung von CSR für die Arbeitge-berattraktivität,* Wiesbaden: Springer Gabler.

Crosswater Job Guide. (o. J.). Generation Z will Karriere mit Haltung. https://crossw ater-job-guide.com/archives/76641/generation-z-will-karriere-mit-haltung/. Zugegriffen: 11.05.2022.

Deloitte. (2021). Deloitte Millennial Survey 2021. https://www2.deloitte.com/de/de/ pages/innovation/contents/millennial-survey.html?id=de:2el:3pr:eng_:siku. Zugegriffen: 02.04.2022.

Deutsche Gesellschaft CLUB OF ROME. (o. J.). Historie. https://clubofrome.de/historie/. Zugegriffen 10.04.2022.

FGW Forschungsgruppe Wahlen Telefonfeld GmbH. (2020). Nachhaltigkeit – Ergebnisse einer repräsentativen Bevölkerungsumfrage. https://dbk.gesis.org/dbksearch/download. asp?id=70958. Zugegriffen: 25.04.2022.

© Der/die Herausgeber bzw. der/die Autor(en), exklusiv lizenziert an Springer Fachmedien Wiesbaden GmbH, ein Teil von Springer Nature 2023
M. H. Dahm und A. Dräger, *Employer Branding mit sozialer Nachhaltigkeit,*
essentials, https://doi.org/10.1007/978-3-658-42130-4

48

Literatur

Global Reporting Initiative. (2022). Consolidated Set of the GRI Standards. https://www.glo balreporting.org/how-to-use-the-gri-standards/resource-center/?g=130301e6-8905-41cc-9bd0-2f3ac2c2194f&id=12024. Zugegriffen: 03.07.2022.

Grunwald, A., & Kopfmüller, J. (2012). *Nachhaltigkeit*. Frankfurt am Main: Campus Verlag.

Hedstrom, G. S. (2018). *Sustainability – What It Is and How to Measure It*. Boston: De Gruyter.

Huf, S. (2020). *Personalmanagement*. Wiesbaden: Springer Gabler.

Jacob, M. (2019). *Digitalisierung & Nachhaltigkeit – Eine unternehmerische Perspektive*. Wiesbaden: Springer Vieweg.

Klaffke, M. (2021). *Generationen-Management: Konzepte, Instrumente, Good-Practice-Ansätze*. Wiesbaden: Springer Gabler.

Lehmann, K. (2021). Neue Generationen auf dem Arbeitsmarkt. Mindsetmovers, 22.03.2021. https://www.mindsetmovers.de/blog/neue-generationen-auf-dem-arbeit smarkt-zeit-dass-fuehrung-sich-veraendert/. Zugegriffen 20.06.2022.

LichtBlick. (2020). Repräsentative Umfrage zum Earth-Overshoot-Day: Drei von vier Deutschen wollen nachhaltig leben. https://www.lichtblick.de/presse/earth-overshoot-day-drei-von-vier-deutschen-wollen-nachhaltig-leben//. Zugegriffen: 04.04.2022.

Marconomy. (2022). https://www.marconomy.de/das-sind-die-top-10-erwartungen-an-den-neuen-arbeitgeber-a-501760/. Zugegriffen 12.04.2022.

Mayer, K. (2020). *Nachhaltigkeit: 125 Fragen und Antworten*. Wiesbaden: Springer Gabler, 2020.

Mory, L. (2014). *Soziale Verantwortung nach innen – Dimensionen, Wirkungsbeziehungen und Erfolgsgrößen einer internen CSR*. Wiesbaden: Springer Gabler.

OECD. (2011). OECD-Leitsätze für multinationale Unternehmen. https://www.oecd-ili brary.org/governance/oecd-leitsatze-fur-multinationale-unternehmen_978926412235 2-de. Zugegriffen 12.04.2022.

Oertel, J. (2007). *Generationenmanagement in Unternehmen*. Wiesbaden: Deutscher Universitäts-Verlag.

Personalwirtschaft. (2021). Mitarbeiter und Jobsuchende wollen nachhaltige Arbeitgeber. https://www.personalwirtschaft.de/recruiting/employer-branding/artikel/mitarbeiter-und-jobsuchende-wollen-nachhaltige-arbeitgeber.html. Zugegriffen: 05.04.2022.

PricewaterhouseCoopers. (2020). Gen Z is Talking. Are you Listening? https://www.pwc.de/de/handel-und-konsumguter/gen-z-is-talking-are-you-listening.pdf. Zugegriffen: 05.04.2022.

Pufé, I. (2012). *Nachhaltigkeitsmanagement*. München: Carl Hanser.

Rat für Nachhaltige Entwicklung. (2020). Leitfaden zum Deutschen Nachhaltigkeitskodex. https://www.deutscher-nachhaltigkeitskodex.de/de-DE/Documents/PDFs/Sustainability-Code/Leitfaden-zum-Deutschen-Nachhaltigkeitskodex.aspx. Zugegriffen: 04.05.2022.

Ruthus, J. (2014). *Arbeitgeberattraktivität aus Sicht der Generation Y*. Wiesbaden: Springer Fachmedien.

Sauser, W. I. Jr., & Sims, R. R. (2012). *Managing Human Resources for the Millennial Generation*. Charlotte: Information Age Publishing.

Statista. (2020). Gen Z, Millennials und Generation X – Ein Überblick. https://de.statista.com/statistik/studie/id/78414/dokument/gen-z-millennials-und-generation-x-ein-ueberb lick/. Zugegriffen 14.04.2022.

Steckl, M., Simshäuser, U., & Niederberger, M. (2019). *Arbeitgeberattraktivität aus Sicht der Generation Z.* Berlin, Heidelberg: Springer.

Studyflix. (o.J.). Baby Boomer. https://studyflix.de/jobs/karriere-tipps/baby-boomer-4839. Zugegriffen 20.06.2022.

Unesco. (o.J.). Agenda Bildung 2030. Bildung und die Sustainable Development Goals.    https://www.unesco.de/bildung/agenda-bildung-2030/bildung-und-die-sdgs. Zugegriffen: 10.04.2022

Wördenweber, M. (2017). *Nachhaltigkeitsmanagement: Grundlagen und Praxis unternehmerischen Handelns.* Stuttgart: Schäffer-Poeschel.

Printed in the United States
by Baker & Taylor Publisher Services